|光明社科文库|

承认正义研究
以批判理论为视角

鹿 云◎著

光明日报出版社

图书在版编目（CIP）数据

承认正义研究：以批判理论为视角 / 鹿云著. --北京：光明日报出版社，2020.4（2022.4 重印）
ISBN 978-7-5194-5661-0

Ⅰ.①承… Ⅱ.①鹿… Ⅲ.①正义—研究 Ⅳ.①B82

中国版本图书馆 CIP 数据核字（2020）第 038845 号

承认正义研究：以批判理论为视角
CHENGREN ZHENGYI YANJIU：YI PIPAN LILUN WEI SHIJIAO

著　　者：鹿　云	
责任编辑：郭思齐	责任校对：龚彩虹
封面设计：中联学林	责任印制：曹　净

出版发行：光明日报出版社
地　　址：北京市西城区永安路 106 号，100050
电　　话：010-63139890（咨询），010-63131930（邮购）
传　　真：010-63131930
网　　址：http://book.gmw.cn
E - mail：gmrbcbs@gmw.cn
法律顾问：北京市兰台律师事务所龚柳方律师

印　　刷：三河市华东印刷有限公司
装　　订：三河市华东印刷有限公司
本书如有破损、缺页、装订错误，请与本社联系调换，电话：010-63131930

开　　本：170mm×240mm			
字　　数：167 千字		印　张：15	
版　　次：2020 年 4 月第 1 版		印　次：2022 年 4 月第 2 次印刷	
书　　号：ISBN 978-7-5194-5661-0			
定　　价：88.00 元			

版权所有　　翻印必究

前　言

哲学总是以其特有的方式对社会生活进行深度追问、历史反思与批判性改造。法兰克福学派所倡导的社会批判理论是当代社会政治理论研究的重要范式，其根本目的就是问诊社会现实，探寻人类未来的生活图景及实现途径。在当代，霍耐特——德国法兰克福学派的第三代领袖人物，承担起了法兰克福学派的批判重担，他致力于复兴承认理论，并以此为基点发展多元正义理论，发展了承认正义。他与美国著名的批判理论代表南茜·弗雷泽围绕承认展开了争论。这场跨越大陆和语言界限的哲学对话，已经影响到众多思潮的发展，并渗透到了哲学、政治、法律和社会等领域。为我们推进当前社会中的冲突和不公正问题提供了可参考的思想素材和资源，并对人们的经济生活、政治生活和文化生活产生重要、深刻而广泛的影响。

霍耐特和弗雷泽在资本主义话语背景下，透视当下的各种社会冲突和斗争，从承认和再分配的争论中建构起跨越了学科分类、语言界限和地域局限的关于资本主义社会制度规范的理论框架。他们的争论是以"承认"范畴为核心，以"再分配——承认"为主线，对当代社会中的不公正问题进行探索，力图构建一种新的正义范式。

因此，我们又将这种正义理论称为"承认正义"，从而将其与其他的正义理论相区别开来。关于承认正义的讨论最初仅在霍耐特与弗雷泽两人之间展开，后来裹挟了众多的批判理论家和学者。争论的重点从"再分配——承认"逐步扩展到关于弗雷泽理论的哲学基础上来。如何看待他们二者之间的冲突和分歧？站在马克思主义正义观的立场上，这场争论对我国制度建设和正义构建有何启示？都值得我们进一步地深入研究和探讨。

本文分为五个部分系统地考察了两位思想家的争论及其意义。第一，在对现实问题的思考及当下政治生活的考量基础之上，对承认正义的历史话语背景进行了解析，阐述了承认正义的理论逻辑和时代特色。第二，结合两位思想家的学术文本，尤其关注《再分配，还是承认？》，开始对霍耐特的承认正义理论范式的分析，对霍耐特的多元正义的逻辑起点、逻辑架构、理论核心也做了深入阐发。第三，阐述了弗雷泽从单一文化意义上的"承认"概念出发，提出了"参与平等"的规范化核心范畴，从而构建了经济、文化、政治三维的正义图景。形成了与霍耐特完全不同的逐步深入的社会正义理论。第四，分析了霍耐特和弗雷泽的正义理论各自的优劣，描绘出他们之间交锋的状况和焦点问题，以及对其融合的可能性加以系统阐述，这也是文章的难点所在。第五，站在马克思主义的立场上对承认正义理论的贡献和得失进行了深入分析品评。我们择要论述了马克思主义的正义观，对正义图景的实践提出了可行性的方案。我们力图将以上各个不同角度汇聚于承认正义的政治哲学研究，以将其思想引入我国的话语背景，以期对我国政治文明建设有所启迪。

本文是一种文本解读，但却以思想史的形式展现出来，文章以两位思想家的主要著作的解读为依托，详细地再现了学者们对承认正义的论争局面，力图挖掘他们的核心焦点和哲学传统。另外，本文还对霍耐特和弗雷泽的正义思想的比较，对马克思主义正义观与他们二者正义思想的比较，力求把握当代批判理论的发展方向；另外，以马克思主义正义思想为立场、出发点和坐标系，从我国的具体情况出发，从各种思想理论中获得批判与相应的资源中获取养分，提出适合我国制度建设和正义构想的意见，更有效地推进我们正在进行的社会改革。

目录 CONTENTS

导 论 ······ 1
一、问题的由来 ······ 3
二、文献研究综述 ······ 7
　（一）国外研究动态：阐发与比较 ······ 10
　（二）国内研究动态：译介与分析 ······ 12
三、研究意义 ······ 15
　（一）理论意义 ······ 15
　（二）现实意义 ······ 17
四、研究思路和结构 ······ 19
　（一）研究思路 ······ 19
　（二）研究方法 ······ 22

第一章　承认正义思想的历史逻辑 ······ 24
一、关于正义理论问题的元思考 ······ 25
　（一）正义问题的由来 ······ 25
　（二）西方正义思想的困境 ······ 27

二、承认正义思想生成的历史背景 ·············· 33
　（一）后工业社会与新的控制形式 ············ 33
　（二）社会斗争不断和追寻正义渴求 ·········· 36
三、承认正义思想演进的历史逻辑 ·············· 39
　（一）承认正义凸显的历史必然 ·············· 39
　（二）批判理论的困境和伦理转向 ············ 43
　（三）承认正义思想的内涵及其问题式 ········ 52

第二章　霍耐特承认正义理论的内在逻辑 ········ 55

一、霍耐特承认正义理论的逻辑起点 ············ 56
　（一）霍耐特承认正义理论的理论基础 ········ 56
　（二）霍耐特承认正义理论的一元论基础 ······ 60
　（三）再分配——承认的特殊形式 ············ 63
二、霍耐特承认正义理论的逻辑架构 ············ 68
　（一）霍耐特承认正义理论的原则 ············ 68
　（二）霍耐特承认正义理论的内容 ············ 72
　（三）霍耐特承认正义理论的特点 ············ 79
三、霍耐特承认正义理论的核心 ················ 83
　（一）承认正义道德诉求 ···················· 84
　（二）文化承认及其实质 ···················· 86
　（三）尊严的首要地位 ······················ 89
　（四）好生活的伦理追求 ···················· 91

第三章　弗雷泽复合正义对承认正义的挑战 ······ 94

一、弗雷泽正义理论的时代诊断 ················ 95
　（一）再分配——承认的难题 ················ 96
　（二）弗雷泽的后社会主义时代诊断 ·········· 99

二、弗雷泽正义理论的视角二元论 ············ 101
（一）承认视角的转变 ············ 102
（二）二元论的研究视角 ············ 105
（三）三维模型的构建 ············ 109

三、弗雷泽正义理论的核心内容 ············ 114
（一）规范到反规范：反规范的正义模型 ············ 115
（二）核心原则：参与平等 ············ 118
（三）民主正义理论的"批判——民主"之路 ············ 121

第四章 承认正义理论的不足与融合可能 ············ 124

一、霍氏与弗氏承认正义理论的内在矛盾 ············ 125
（一）霍氏多元正义的内在悖论 ············ 125
（二）弗氏社会正义的自身缺陷 ············ 130

二、霍氏与弗氏承认正义理论间的冲突 ············ 136
（一）对正义理想目标标准的设定不同 ············ 136
（二）对"正义诉求经验参照点"选择的不同 ············ 139
（三）对正义诉求论证路径的不同 ············ 142

三、霍氏与弗氏承认正义理论融合的可能性 ············ 146
（一）两者共享相同的理论资源 ············ 146
（二）两者理论建构相近的选择 ············ 149
（三）整合两者学说的可能结果 ············ 152

第五章 承认正义理论的深层分析和当代中国正义实践 ············ 156

一、承认正义理论的贡献 ············ 157
（一）探索了正义难题解决新路径 ············ 157
（二）拓展了批判理论发展新空间 ············ 162
（三）整合了正义思潮纷争新局面 ············ 165

二、承认正义理论的缺失 …………………………………… 168
（一）马克思主义的正义论视野 ……………………………… 169
（二）"承认"维度对正义的损害 ……………………………… 178
（三）后资本主义的宏大叙事模式 …………………………… 182
（四）乌托邦式的正义理论理想 ……………………………… 185

三、当代中国正义问题的实践 …………………………… 187
（一）中国正义建设的历史背景 ……………………………… 188
（一）当代中国正义实践的路径探析 ………………………… 194
（二）人类命运共同体历史责任担当 ………………………… 197

结　语 …………………………………………………… 204
一、承认正义于人的发展 ………………………………… 205
二、承认正义于批判理论 ………………………………… 207

参考书目 ………………………………………………… 211
后　记 …………………………………………………… 223

导 论

"正义"这一古老的哲学话题作为人类生活最基本的价值目标和意义向度,伴随着人类几千年来风雨兼程。当人们对所处社会的制度和生活状态进行反思时,当我们对社会成员的权利和利益差异予以规范使之趋于合理时,正义问题就是不可避免的。每一个时代的历史状况是不同的,人们的诉求也千差万别,因此,正义的理论内涵也不尽相同。今天历史的车轮进入一个快速转动时期,人类社会进入一个高速发展、高度渗透、高度自由的时代。一方面,第四次科技革命带来的深刻变革改变着我们活动和认知的空间和范围。从细胞内部的基因密码,到外太空的宇宙奥秘;从超越时间空间限制的联系,到大数据、机器人的扑面而来!另一方面,人类在追求这些高科技的不断进步和享受其带来的便捷时,却又面临着前所未有的危机,人在机器人面前越来越手足无措,网络电商侵占着实体产业的份额,传统金融业在互联网金融面前步履蹒跚……人类不自觉坠入规则困顿、价值困惑、文化冲突等带来的失落、绝望情绪纠结之中。人们的日常生活、政治生活面临着多元的、相互冲突的价值判断和混乱,如何从这纷繁复杂的境遇中突围出来正日益成为一个问题。打破传统的研究范式,适应新时代要求,关注人类生存现状,追寻未来价值归宿是当前乃至今后相当长时期内,人类发展的理智选择和时代主题。

康德说:"如果公正和正义沉沦,那么人类就不再值得在这个世界上生活了。"[①] 罗尔斯也说:"假如正义荡然无存,人类在这世界生存,又有什么价值?"[②] 这都是对正义之必要性和至上性的呼唤,表达了人类对正义理想的共同期盼和永恒追求。这两位是众多对正义问题探索的思想家之一二,他们的思想成果是对正义问题探索和追寻成果的珍贵遗产。承认正义是批判理论家们在当下对人类生活世界和社会发展要求的深刻思考,也是对"正义社会的规范性基础是什么""承认正义规范的目标是什么""承认正义下好生活如何实现"等政治伦理问题的深刻反思。它既关注人的内心世界,也注意到人的外部表现,力图使人类自己的内心生活处于有序的状态之中,力图将自我实现和人类解放的合理期盼从乌托邦的理想变为现实实践,着力建构具有当代"诊断—理论—实践—价值"意义上的正义学说。承认正义不仅研究了社会问题争端,而且从社会现实出发研究社会正义的规范和实践,更是对当下的人的存在方式、生活理想、社会期盼提出宝贵意见。"正义是给予每个人他应得的部分的这种坚定而恒久的愿望。"[③] 因此,对霍耐特发起的承认正义及其与弗雷泽关于这场横跨大洋的正义之争进行研究,应该是一件在理论高度和实践操作上都有意义的事情。

---

① 康德. 法的形而上学原理[M]. 沈叔平,译. 北京:商务印书馆,1991:165.
② 许纪霖. 世间已无罗尔斯[N]. 文汇报,2002-11-28.
③ 查士丁尼. 法学总论[M]. 张企泰,译. 北京:商务印书馆,1989:5.

一、问题的由来

什么样的社会是一个好的社会，什么样的生活是一个好的生活，什么样的秩序安排是最好的秩序，什么样内容的自由、平等、博爱才是我们所期望的，什么样的社会发展过程是合理的发展……这些问题一直被回答也一直被提出。自从 2400 年前苏格拉底在雅典大街上、广场中、剧场里与人们讨论正义问题开始，正义问题不仅伴随着人类社会发展的始终，而且也伴随着各个时代的思想家，同时也困扰着社会中的每一个普通民众。当我们开始反思、批判时，无不是对正义的批判；我们的一切追求，无不是对正义的追求。正是这种反复思索和孜孜不倦地追求推动着人类自身解放和社会扬弃跃迁。

正义理论自其产生以来历久弥新，理论自身就有着自己发展的逻辑脉络和演进过程。人类文明的发展历史上，正义她千姿百态，侧重点时有变化，内容不断推进，关注领域愈发广泛。梭伦把正义看作一个道德范畴，用来调节人们之间的财产关系，认为对立双方都要抑制自己的欲望；苏格拉底把正义看作美德，源于智慧和知识；色拉叙马霍斯则提出了"正义不外是强者的利益"；洛克以社会契约论为基础，以自然权利为核心，以维护人民的自由权利为目的构建了正义思想；马、恩批判资本主义制度，批判资产阶级自由、平等的神话，将正义奠立在现实的历史条件上，描述未来社会的正义图景；罗尔斯对社会正义完整体系进行了重构，实现了向规范理论的转折，强调了正义对于功利的优先性；等等。当然作为世界民族之林中的一分子，中国也为正义的思想贡献着自己的智慧，我国历史上就有着"天下为公"的大同理想，"不患寡而患不均"的平等追求,"己所不欲勿施于人"的仁爱精神等,这在中国不同的历史阶段对我国社会发展进步方面起到过重要的积极的作用,"正义"也是中国社会进步发展的应有之义。总之,正义理论是在对现实生活的不断批判中发展着自身的理论内涵,同时也是基于人类社会进步的脚步不断扬弃着自身论域。

现代社会在20世纪的发展历经沧桑,两次世界大战给世界各国人民带来的创伤是持续性的,同时也引起了人们对于正义这一古老问题的重新思考。罗尔斯、麦金太尔、哈贝马斯等为代表的西方学者在理论领域掀起了一次次的探索和争论,并对社会实际生活产生了深远影响。然而,环顾世界范围,霸权主义依然存在,局部战争此起彼伏,科技革命带来的伦理争论愈发激烈。正义问题实际上并未解决。进入21世纪,虽然世界各国在经济和社会等诸多方面取得了前所未有的成就,世界的一体化进程加强,但是这种全球化的转变也影响了世界历史性的文化和经济、政治和技术的态度,暴露出一系列令人深思和忧虑的困难和问题,并正在颠覆我们过去所熟悉的理论框架和规范基础。因此,这不能不引发学者们对现代社会旷日持久的深入反思,并激发全世界的思想家们面对挑战,去创造适合于当下的理论工程。就我国而言,目前正处于社会转型期、改革攻坚期、发展关键期、矛盾突显期,人民对美好生活向往的层次愈高内容愈广要求愈迫切,社会正义也显得越发重要。社会正义方面存在的问题成为制约社会进一步发展的严重障碍,构建一个为每个社会成员发展提供公平机会,让每一个社会成员都能幸福的平台,让每一个社会成员都向上向善的社会氛围,社会体制机制更加富有活力和生机是人们共同的期盼。

>>> 导 论

纵观当代世界,对现代社会中的沉疴和弊病深刻反思,对社会良性运行和人们美好生活设想做出积极贡献的当属法兰克福学派。法兰克福学派的理论研究以批判为前提,在批判基础上进行重建。批判社会中的问题、矛盾、冲突,重建社会理论架构、理论旨趣、解决路径。随着当代全球化推动西方社会进入后现代化阶段,承认理论作为当代西方马克思在批判资本主义社会的不平等、不公正而发展起来的理论,将批判理论的社会批判传统与后现代主义文化思潮相结合,以此来解读全球化的后现代悖论,同时也将批判话语再度推向前台。批判理论的代表人物霍耐特继承黑格尔早期在耶拿著作中关于人类社会生活共同体的设想,提出了以"为承认而斗争"为基础的"人们之间应该是相互承认的关系,一个和解的社会应该是由自由公民组成的伦理共同体"[1]思想,致力于复兴社会冲突和道德斗争的思想,要求通过实现多个层面的相互承认,在规范与经验结合的基础上重塑社会正义理论。

霍耐特在《为承认而斗争》的著作中,已经体现了社会正义的思想,但还仅仅是零星的思想火花。他对正义理论的集中阐述和详尽分析则集中在《再分配,还是承认?——一个政治哲学对话》《正义的他者》《承认与正义——多元正义理论论纲》《自由的权利》等著作中。在这些著作中,霍耐特认为社会正义应该在"承认"基础上,涵盖经济、政治、文化等多个方面,正义的内容体现在主体之间所维持的社会承认关系中(包含了家庭关系、法律关系、共同

---

[1] 阿克赛尔·霍耐特. 为承认而斗争[M]. 胡继华,译. 曹卫东,校. 上海:上海世纪出版集团, 2005:18.

5

体关系），以"自由"为理论预设，把尊严的实现作为其正义的核心观点。正义理论是一元基础，而不是二元或者其他更多的基础。随着承认理论影响力的提升，引来了诸多学者的关注，这些声音又中有肯定的、质疑的和不满的。众多学者的批判和争议中，最为激烈的是他和美国批判理论家南茜·弗雷泽（Nancy Fraser）。霍耐特曾是哈贝马斯的助手，法兰克福大学哲学系的社会哲学的教授，是法兰克福学派的正宗传人。弗雷泽是美国新马克思主义女性主义的代表人物，是目前西方批判理论的重要领军人物。弗雷泽与霍耐特同属西方"1968"年一代人，也是法兰克福学派在美国和德国两大支脉在哲学上的主要代表。他们的这场争论围绕"承认"理论及"承认"再分配的关系问题展开，持续了十多年直到今天还在继续。虽然这场争论是批判理论家族的内部纷争，但这场争论在一定程度上切中了当代西方现实的命门，并且涉及当代政治哲学的建构、逻辑规定及价值取向等问题，因而有着重要的影响和旺盛的理论生命力。

霍耐特和弗雷泽在资本主义话语背景下，透视当下的各种社会冲突和斗争，从承认和再分配的争论中，建构起跨越了学科分类、语言界限和地域局限的关于资本主义社会制度规范的理论框架。"南茜·弗雷泽与阿克塞尔·霍耐特之间的争论代表了两种最进步的学术努力，以构建我们能够称之为广义的正义批判理论。"[①] 他们的争论以"承认"范畴为核心，以"再分配—承认"为主线，因此我们

---

① 凯文·奥尔森. 伤害+侮辱——争论中的再分配、承认和代表权 [M]. 高静宇,译. 周穗明, 校. 上海：上海人民出版社, 2009: 307.

又将这种正义理论称之为"承认正义",从而将这种正义理论与其他的正义理论相区别开来。关于承认正义的讨论从最初的在霍耐特与弗雷泽两人之间展开,后来裹挟了众多的批判理论家和学者。争论的重点从"再分配—承认"逐步扩展到关于弗雷泽理论的哲学基础上来。对于这场轰轰烈烈的争论,我们还需进一步思考以下问题:承认与再分配之间的关系是否不可调和?他们能概括了社会正义的全部内容?对于社会正义的建构他们将如何在理论和实践中统一起来?应当如何理解社会斗争的本质?在这些关键的问题上,两位学者总是有着各自的坚持和意见,甚至有时意见相左。如何看待这场争论及对于我们重新认识正义的内核、规范基础及我国的正义建设等问题上,都值得我们进一步深入研究和探讨。

二、文献研究综述

不论是欧洲的传统历史,还是西方社会,抑或是当下的中国社会,最大的社会问题是社会冲突的加剧引起了人们对社会价值承认和人们对美好生活向往的质疑,这可能是由于世界经济一体化推动下的平等与竞争而带来的自由化相关。新自由主义思潮在最近30年愈发带来了一系列社会问题,也就使得越来越多社会成员要求在特定的社会规范下对各自的地位、身份获得承认,也意味着我们要和其他社会成员一样要拥有一定的自由,以及要求社会配套相应的社会制度予以保障。承认正义理论作为当下学界的热点思想,用承认的叙事主题回应了当代政治解放的全新语境,不仅迎合了时代的潮流,而且在当下作为批判理论的新声音,回答着当下社会政治理论的新发展方向,拓展着哲学理论的发展空间,自觉阐发政治哲学史脉络。霍耐特是一位多产的作家，对承认理论的关注者也颇多，参与讨论的学者络绎不绝，理论成果也很繁杂，尤其是霍耐特和弗雷泽二人学术著作颇盛。在这里，我们择要梳理，呈现国内外承认正义研究的景观。

霍耐特是当代法兰克福学派的重要人物，和其导师哈贝马斯一样是一位多产的学者，主要成果有《权利的批判》《支离破碎的社会世界》《为承认而斗争》《非一体化》《黑格尔法哲学之重建》《正义的他者》《不确定性的痛苦：黑格尔法哲学的在现实化》《不可见性：主体间性学说发展阶段》《承认道德》《物化：一个承认理论的研究》《承认与正义——多元正义理论论纲》《自由的权利》等等。国内目前已经翻译了霍耐特的多部著作（《不确定性之痛 黑格尔法哲学的再现实化》《权利的批判》《为承认而斗争》《自由的权利》），还有文集《分裂的社会世界：社会哲学文集》《再分配，还是承认？——一个政治哲学对话》）。并且还与中国学者建立了联系和交流。在这些著作中，霍氏主要阐述了承认理论，以及逐渐发展起来并还在继续完善的多元正义构想。霍耐特作为法兰克福学派的领军人物登上学术舞台的时间不过二十多年，但是由于其关注西方资本主义"破碎的社会世界"，并进行社会分析与时代诊断，开启了人类解放的曙光，因而备受瞩目，各种声音交织在一起。总体而言，国内外学界对其研究已经全面展开，专门研究承认理论及其思想的专著已经出版了多部，还有相关研究的学术文章就达到了近百篇。随着社会问题变迁和霍氏思考问题的深入，关于承认正义的研究还将不断深化。但是对于霍氏多元正义理论的研究一直是作为承认理论附属而被介绍，虽已开始进行研究但未达一定的深度。近年来霍耐特多元正义理论的不断深化，对正义理论的关注必将引起国内外学界的普遍关注。

研究霍耐特就绕不开一个重要的声音，这就是美国女权主义理论家南茜·弗雷泽。自1997年以来，她与霍耐特围绕"承认"理论，展开了长达10多年的争论，在这一过程中逐步形成了反常规正义的原创理论体系。被认为是对当代西方社会批判理论和政治哲学的杰出领军人物。国内目前已经将其著作翻译过来，主要有她与霍耐特合著的《再分配，还是承认？——一个政治哲学对话》及关于承认、再分配讨论的论文集《伤害+侮辱——争论中的再分配、承认和代表权》，还有她关于正义问题的著作《正义的尺度——全球化世界中政治空间的再认识》和《正义的中断——对"后社会主义"状况的批判性反思》。在这些文论中，弗雷泽针对霍耐特承认规范一元论提出了质疑，提出以"再分配"和"承认"为两维的"视角二元论"。在这些著作中她还与理查德·罗蒂（Richard Rorty）、朱迪思·巴特勒（Judith Butler）、艾利斯·马里恩·杨（Iris Marion Young）和瑞尼尔·福斯特（Rainer Forst）等美国和欧洲最主要的左翼思想家展开了论争并予以回应。弗雷泽逐渐改进自己的"二元论正义理论"和解决方案，将其理论拓展为"三维正义理论"。除了以上的著作，对弗雷泽的关注和研究大多散见于各种期刊，已出版著作1部，对其思想的研究正在不断推进中。

弗雷泽与霍耐特的政治哲学辩论引起了西方批判理论学界的广泛关注。这场理论交锋，成为当今理论界的一个热点事件和重要话题，它波及了哲学、政治、法律、文学等众多领域的研究，影响了许多思潮诸如新左派思想的发展。因此，近几年来对于这场还在进行的争论的系统研究迅速升温和深化。

（一）国外研究动态：阐发与比较

承认理论的兴起是由路德维希·谢普率先开始的，后来为法兰克福学派第三代所复兴，并逐渐成为当代学术界的研究热点，也"正是霍耐特在当今理论界的'承认转向'中发挥了重大的引导作用"①。总体而言，国外对于霍耐特的思想的研究主要是在阐发霍耐特承认理论框架的基础上对其内在核心进行分析并取得了重要成绩。霍耐特影响巨大的一个重要表现就是他的著作和学术文章被翻译成多种语言，在全球范围内传播。另一个重要表现就是在世界范围内引起的专题性的讨论。除了著作和论文被翻译成各国版本之外，国外学界还召开了多次主题研讨会专门讨论霍耐特的相关理论内涵与逻辑建构。2001年，Jywaeskyla大学举办了多次以"霍耐特承认理论研究"为主题的研讨会；2004年，Arhus大学召开了主题为"承认的认识论和道德规范"的丹麦哲学年会；2014年，法兰克福大学社会研究所主办了"承认与社会主义——祝贺霍耐特诞辰65周年"研讨会，共同探讨承认理论的最新发展。具体情况如下所述：

首先，国外学术界对霍氏理论研究集中在翻译、解读、讨论和比较方面。国外的研究早于国内，研究状况基本是各抒己见，争论不休。2001年11月底在芬兰的Jyvaeskyla大学举行了"霍耐特承认理论论坛"，海德根、莱提能、依卡海默等学者在会上发言，阐述观点；Andy Blunden（1945— ）是《为承认而斗争》英文版的作者，

---

① Editonal Comments. Special Issue on Recognition, Redistribution, and Justice [J]. Acta Sociologica, 2004, 47 (4): 323.

系统介绍了霍耐特的承认理论；美国的其他学者，如约纳坦·艾兰、克里斯多夫·F. 祖恩，以及英国的学者劳伦斯·维尔德都是在文本解读的基础上对承认理论进行分析和阐述。他们一方面阐发了承认理论的内容，肯定其理论和实践价值；另一方面，各理论家从对霍耐特理论的质疑为出发点进行比较性研究，指出其内在矛盾和缺陷。从横向（与现实代的理论家们，尤其是弗雷泽为主，在比较争论中扩展了承认理论和完善多元正义理论）和纵向（与法兰克福学派的理论先驱们进行比较，实现批判理论的伦理转向）两个维度在广度和深度两个角度上都推动了承认理论的发展。然而在整个西方学界，对于霍氏承认理论在当代政治正义理论谱系中的地位，仍然没有得到系统的研究与阐述。

其次，国外学界对弗雷泽的思想的关注则表现为质疑和争论。弗雷泽针对霍耐特的一元正义理论提出了"二元正义理论"，不仅将批判理论推向到争论的焦点位置，而且也将正义理论带入一个新的阶段——承认正义之争。一方面，两位学者对如何摆置"承认"和"再分配"在正义构架中的位置展开了激烈讨论，问题涉及正义的维度问题，正义维度之间是否存在矛盾，正义的规范基础等；另一方面，将争论的触角深入弗雷泽的哲学基础，探讨了其政治哲学的规范基础和本体论问题。

最后，国外对承认正义的比较研究已经展开，并且还在进一步发展。主要代表人物是克里斯多夫·F. 祖恩和西蒙·汤普森。他们对两位学者关注的重心依然是放在了对霍耐特和弗雷泽争论的核心问题"承认"和"再分配"的问题上，深入讨论了对这两个范畴之间的关系，并对承认在当代社会正义中的地位进行了说明。然而，他们的研究没有在正义理论这一大的背景下解读、整合霍氏和弗氏的学说。其研究成果也未能结合霍耐特和弗雷泽的最新思想进行分析比较，因而他们的研究都未能全面展现两位思想家的理论。本文借鉴前人的研究成果，结合霍耐特和弗雷泽最新思想发展，力图推进承认正义的研究。

（二）国内研究动态：译介与分析

20世纪90年代初，霍耐特凭借承认理论登上国际舞台，但是进入21世纪才引起了国内学者们的注意，晚于国外的研究。关于弗雷泽的研究及与霍耐特思想的比较研究虽相对较晚，但取得了丰硕的成果，为我们进一步研究提供了可参考的资料。

首先，有关霍耐特承认理论的研究在阐发、解读、评价中日趋成熟，对承认正义理论的研究随着霍耐特思想的发展还在发展和深化中。国内研究霍耐特思想的学者主要有王凤才教授、凌海衡教授、胡继华教授、曹卫东教授、汪行福教授等，其中王凤才教授可以说是国内研究霍耐特的承认理论的突出代表人物。还有很多的年轻学者，他们也都取得了很多的成果。目前国内围绕霍耐特思想的研究基本可能分成三个方面：一是将霍耐特的承认理论作为一个整体来研究，从其理论背景、理论思想来源和承认结构关系等着手，着重探讨其理论架构与理论价值。他们以法兰克福学派的历史为背景来解读承认理论。他们依托文本，对承认理论渊源、结构框架、批判理论的承认范式转向的可能性等方面进行了详细的阐述，尽可能完整而又真实地展示了承认理论原貌，客观地评价了承认理论对于批判理论的贡献和本身不足。同时，还着重论述了霍耐特理论与马克思之间的关系，霍耐特试图从道德动机角度重建马克思理论中的解放性规范，为当前的社会冲突和斗争辩护。这些努力有助于认识当今政治生活领域的一系列伦理问题和对德性生活的构想。另一方面，对"多元正义理论构建"的研究。霍耐特在承认理论基础之上，在论战中开始对自己理论进行修补、完善和扩展，以道德动机为出发点，从政治、道德、社会等角度进行了扩展，构建了自己的多元正义理论，以及试图完成对"政治伦理学"的创建。国内的其他学者们也立足于文本对其进行了较为全面的介绍。最后，用承认理论思想解决现实问题，阐述其当代价值。将承认理论与我国的政治建构、教育活动、社会实践价值、意识形态建设等方面相结合，在全球语境和中国现实问题中建构自己独立的理论话语。

其次，有关弗雷泽正义理论的研究则处于移译、阐述、分析和评价阶段，并日益深入。国内的研究在翻译弗雷泽著作和国外研究的基础上，不仅研究其本身的正义理论，而且还进行了比较性研究，与同时代的思想家们（主要是霍耐特）进行对比，在比较分析中发现其优劣。作为北美批判理论学派代表人物之一的弗雷泽也为正义理论的规范研究做出了贡献，她立足于当代社会中各种冲突斗争的新形式及新特质，深入其背后的文化内涵，以一种反规范的方式构建了"以参与平等原则作为框架的规范基础"[1]，与承认、再分配、代表权相对应的文化、经济和政治三维视角的正义理论框架。而且，随着弗雷泽与霍耐特及其他学者的争论深入，最终将问题归结为"什么是规范的正义"和弗雷泽的哲学基础上。弗雷泽的复合正义理

---

[1] 南茜·弗雷泽，阿克塞尔·霍耐特. 再分配，还是承认？——一个政治哲学的对话[C]. 周穗明，译. 上海：上海人民出版社，2009：9.

论逐渐成熟，拓展了传统正义理论的研究路径，丰富了正义思想。现已发表的一些国内学者的研究论文及一本学术专著大都是在这一路径上的继续。

最后，就弗雷泽和霍耐特正义理论的比较研究而言，国内业已展开并在逐步深入中。虽然弗雷泽的理论较霍耐特的理论较晚介绍到国内，但是却一被关注就处于研究的焦点地位。并且随着霍耐特理论的发展，弗雷泽的正义思想也更受关注。国内对弗雷泽研究的代表人物主要有王凤才教授、汪行福教授、周穗明研究员、王才勇研究员等。目前国内已有数十篇学术文章来呈现弗雷泽的思想，这些成果大致勾勒出了弗雷泽—霍耐特争论的线索，一方面他们对霍氏与弗氏争论的焦点"承认—再分配"做出介绍和分析，对"承认"的本质进行了说明，客观地说明了承认和再分配之间的关系、难题。另一方面对他们正义理论的内涵进行了分析和比较。并在霍氏的"一元承认正义理论"和弗氏的"二元社会正义理论"的定位、分歧上达成一致意见。然而，由于题材较为新进和不断发展中，他们都未能全面展现两位学者思想发展的全景，也未能做出恰当的品评。

霍耐特与弗雷泽的争论、西方批判理论家与弗雷泽的研究性论辩，以及西方批判理论内部的论争，不仅鞭策了霍耐特和弗雷泽正义理论的成长和完善，而且也推动和促进了批判理论在当代的新崛起。同时，对于我国在走向世界，应对全球化过程中出现的国际国内问题有着重要的借鉴意义和指导作用。

三、研究意义

霍耐特的承认正义在后马克思时代给予现代人类以希望和曙光，承认的口号以惊人的气魄重新唤出启蒙以来人类对人性价值的渴望和解放政治的不变追求，从而为社会批判理论及当代左翼政治思潮提供了新鲜的血液。从承认正义产生的内在逻辑出发，通过审视承认正义的内涵、承认正义理论的批判向度及承认正义对未来社会构建的哲学意蕴，可以生发出承认正义研究的当代意义。

（一）理论意义

1. 有利于我们继承、发展和丰富马克思主义的社会哲学思想

就德国，尤其是法兰克福学派的社会理论来说，在思想资源、问题选择、基本主题及前景期望都受到马克思主义的理论的影响和引导，并以马克思的经济结构分析为基础，后来的德国社会理论才有可能发展出现代性批判的新论域。我们并非为了马克思而谈论马克思，抑或为了承认而谈承认，而是历史选择了"马克思主义已经成为任何激进研究的绝对视域"①。霍耐特和弗雷泽作为当今批判理论的代表人物，他们二者关于承认与再分配的争论及以此为核心的正义理论的争辩，则都是在批判理论维度上的进一步推进。不论是霍耐特的多元正义学说，还是弗雷泽"再分配—承认"的二元社会正义理论，都毫无疑问、更多地体现着自身的创造性和时代性。他们虽然在思想资源、冲突动因、形态演化和前景展望等方面处处表现出与马克思主义理论的重大差异，但却在丰富马克思的社会功能

---

① 胡大平. 后革命氛围与全球资本主义[M]. 南京：南京大学出版社，2002：327.

分析、拓展马克思主义的理论论域、构建和完善马克思主义的社会哲学、政治哲学等方面发挥积极作用，尤其是对于我们理解一个"活的马克思主义"具有一定的借鉴意义。

2. 有助于把握当代批判理论的发展方向和推动批判理论的进一步发展①

当代社会理论发展的一个重要特点是政治哲学的凸显，人们更加关注自己生存的政治空间的合理性，规范和价值观念等问题。社会批判理论是社会政治理论研究的重要范式和思想流派。在当前这个多元文化和政治不断碰撞的时代，批判理论推动了我们进一步反思社会发展中的问题，并对未来社会的进步提出一定的设想；而且也在新的历史条件下将批判的传统精神不断发扬光大。霍耐特着力对法兰克福学派传统批判理论所进行的深刻反思和批判，以及弗雷泽对参与平等的详细阐述，都是对社会发展中的不平等和不公正的反思和发展。他们推动了批判理论批判空间和视野的扩展，批判方式的转变，弥补了第一、二代的弱势和不足。他们重振法兰克福学派，其根本目的就是问诊社会现实，探寻人类未来的生活图景及实现途径。

3. 研究承认正义理论有助于我们完善人的发展的理论研究和实践

法兰克福学派众多的思想家们都是通过对工业文明、大众文化等的批判实现对人的发展的全面推进。他们吸收和融合了启蒙主义

---

① 阿克赛尔·霍耐特. 为承认而斗争 [M]. 胡继华, 译. 曹卫东, 校. 上海: 上海世纪出版集团, 2005: 14.

和德国古典哲学之后众多路向的人学理念，结合历史发展的条件探索新情况下人的发展的内涵和实践，形成了独具特色的"综合性人学立场"。事实上，霍耐特和弗雷泽的正义之争，以少数群体的不公正待遇、冲突和斗争为切入点，深入其背后的原因，从根本上来讲也是关注人的生存状况、人的发展方向、人的价值取向等问题，也是对法兰克福学派这种新型人学立场上的进一步发展。他们的研究不仅增加了人学理论的内涵，而且拓展了人学批判的广度和深度，为社会批判理论的生存空间奠定了坚实的规范基础，同时对于"人学"理论的推进起着重要的作用。

(二) 现实意义

1. 有助于认识当今政治生活领域的一系列伦理问题

霍耐特多元正义理论的三原则——爱、权利和成就，展现了一种美好社会理论的构想，表达了对德性生活的理想。弗雷泽将"参与平等"视为社会正义理论的规范化核心，也是对当下政治生活的考量和发展的建议。他们将"承认""再分配""斗争"在当今的社会思想和运动中聚焦成为一种政治概念，使其成为当今政治生活的方法论参照。承认的政治成了当代文化多元主义的一面旗帜，也为边缘群体、弱势群体、少数族群的斗争等带来了理论支持，而且在相当程度上引起了全球的文化震撼。同时对正确引导和解决我国经济改革和社会转型过程中带来的情感趋于淡漠，公共道德面临挑战、价值批判日益多元等问题提供值得参考的重要思路。

2. 对于我们重新审视资本主义制度具有一定的现实意义

霍耐特和弗雷泽所提出的这个新的批判模式，使人们有可能把资本主义的制度和资本主义的国家理想作为批判的对象，为我们进一步认识当代的资本主义社会提供了新的路径。在当代资本主义社会，虽然经济问题仍然是一个重要的问题，但是随着福利国家的出现，人内在的和外在的自由和平等也越来越突出，他们的思想正是抓住了这个问题，并以此为切入点进行了探讨。霍耐特、弗雷泽等学者是在20世纪六七十年代政治运动中出生和培养起来的。对于社会发展中的问题有着相近的敏锐感受、道德直觉和价值判断。历史推进中所要面对的政治伦理问题必将成为他们关注的中心，这对于推进社会批判和社会发展的研究，以及重新审视资本主义制度，以及对审视我国当下的社会建设都具有重要的现实意义。

3. 有助于推进当前中国语境下政治构建

"从客观的角度来看，霍耐特抓住了当前社会现实中的关键问题，并将其融入承认的语境之中，从而引领了当前社会批判理论思潮的发展，也为现阶段构建社会主义和谐社会的实践提供了全新的视角。"[①] 在当前社会发展中倾向于利益模式解释的同时，霍耐特提出对道德价值的关注，促使我们明确在社会发展的过程中，一方面要强调科学发展；另一方面也要关注人的心理、精神层面的问题，减少信任危机的发生。同时在建设社会主义和谐社会的过程中，应将这种承认的理论应用于社会的各个领域，积极为所有社会成员创造良好环境，促进全面发展。最终实现个体与个体、个体与集体、个体与社会之间的和谐。

---

① 陈良斌. 承认与冲突——霍耐特思想对构建和谐社会的意义 [J]. 社会科学家，2008 (11): 48.

四、研究思路和结构

从批判理论传统发展的角度来看,当代社会的一个重要特点就是政治哲学的凸现。政治哲学中的一个关键问题就是"正义",在历史的舞台上,已有非常多的思想名家对其进行了相关研究,从亚里士多德到康德,再到罗尔斯,直到当下的社会思想家们仍孜孜不倦地探求。然而,今天社会政治话语背景发生了重大变化,那么我们所要解决的问题是否也有所不同呢?诸如:人们所追求的核心价值概念是否改变?社会斗争的主体和焦点问题是什么,又有怎样的新特点?人类所追求的正义社会的规范基础是什么?这些问题都是我们时代面临的重大问题。承认理论的复兴及在此基础上的正义之争为我们思考这些重大的现实问题提供了一个新视角。

(一) 研究思路

今天承认理论的发展主要在两个层面上展开,一是就承认理论来说,展开对其追本溯源及相关思想的拓展阐发,包括批判理论、自由主义、正义理论等,不仅是从黑格尔那里寻根问祖,而且从各个思想家那里梳理承认理论的历史资源;二是结合历史与现实,将承认学说纳入经验层面和实践环节的反思、阐释中来,并试图发展出一种全新的理论框架来对现实进行解释。这里我们更侧重于第二个方面,立足于"正义"的追问,凭借对霍氏和弗氏的"再分配—承认"的论争阐述,探讨了"承认正义"思想的话语逻辑、理论交锋、缺陷和融合,描绘未来好的生活向往的社会规范。

本书之所以命名为《承认正义研究——以批判理论为视角》原因有二:其一,社会批判理论作为当代重要的思想流派,其根本目的就是问诊社会现实，探寻人类未来的生活图景及实现途径。承认正义是社会批判理论在当下的表现形式和理论形态，同时也秉承着批判理论的主旨和理想。承认正义以"承认"范畴为核心话题，在此基础上展开了对正义维度的探讨，推动了人类对社会的反思和批判。他们关注弱势群体的利益和话语权力，构建承认正义的框架，具有很强的现实意义和实践意义。因此，笔者的考察从批判理论出发，以对人、社会发展的前景和状态的关注为目标。其二，本书研究的对象是"承认正义理论"，以霍耐特和弗雷泽的承认正义论争为主要对象。霍耐特和弗雷泽是社会批判理论在当代社会的主要代表人物，而他们的思想代表了当代社会批判理论的发展方向。他们秉承批判理论的批判精神主旨，在后资本主义时代对社会的经济、政治和文化问题进行社会诊断和批判。因此，本书系统考察他们二者对以承认为核心的正义思想在不同维度上的碰撞，深入思考他们理论交锋背后深刻的哲学传统和观点，这对于思考当下我国现实问题有重要的实践意义。霍耐特和弗雷泽之间的这场理论交锋业已影响到当代西方哲学、政治、法律等领域的研究，成为当前理论界的一个重要事件和热点问题。所以，本研究既是一个文本解读的研究，同时也具有一定的比较意蕴。通过文本发掘承认正义的主题和内涵，通过比较发现承认正义的问题和发展方向，最终立足于我国的国情，以一个参与者的身份，试探性地提出自己的观点，从而对我国的政治建设、全球命运共同体建设、人类未来解放提供可参考的意见。

　　本研究按照这样的逻辑思路来布置本书，历史考察、思想梳理、文本解读、比较考量，深层分析五个方面来安排结构。第一章中笔者对现实问题进行深刻反思，分析承认正义的历史和现实背景，阐述承认正义思想的历史逻辑。第二章结合霍氏的学术文本，全面展开承认正义理论的逻辑起点、逻辑架构、理论核心的阐发。第三章全面阐述弗雷泽复合正义的理论架构及对霍氏承认正义的挑战。第四章就霍耐特与弗雷泽的论争品评两位学者理论的不足、冲突、融合，这也是文章的难点所在，探究了整合霍耐特与弗雷泽理论的可行性与必要性，结合社会现实提出了一个整合框架，为正义图景的实现准备了资源。第五章我们站在马克思主义正义观立场上，对承认正义的贡献得失进行品评和总结。结合当代中国的现实语境，直面任重道远的当代中国正义问题，唤起人们正义构建的自觉，对全球命运共同体和当代中国正义实践提出意见。

总之，本书的研究将努力对一下几个问题做出回答：第一，承认正义理论崛起的历史背景和话语逻辑；第二，承认正义理论的思想核心；第三，承认正义理论的冲突与融合；第四，承认正义理论以及由此进行的争论对我国及世界政治建设的现实意义和启示。我们在辩证地看待承认正义及思想家们交锋的基础上，以马克思的正义观为基础，结合这些理论成果来理解当下的现实问题，并促进了正义理论在当代的新发展。本书对两位学者的承认正义思想进行了详细的文本解读，在此基础上以思想史的方式展现了承认正义争论交锋的过程和核心焦点及他们各自的哲学传统；另外，本书还通过比较的研究方法，以马克思主义正义思想为立场、出发点和坐标系，对霍耐特和弗雷泽的正义思想进行比较，力求把握当代政治哲学的发展方向；更重要的是，笔者在研究的过程中始终把我国的现实境遇作为思考的现实出发点，并力图将我们放置在世界的话语背景中，提出适合我们的意见和建议。因此，本书选择了多种研究方法期望能达到这一目标。

(二) 研究方法

第一，文本阅读法。这是笔者研究承认正义所采用的主要方法。在对承认理论系统了解的基础之上，笔者着重研读了霍耐特的著作：《为承认而斗争》《权力的批判》《正义的他者》，他与弗雷泽合著的《再分配，还是承认？——一个政治哲学对话》，以及弗雷泽的著作《正义的尺度——全球化世界中政治空间的再认识》《正义的中断——对"后社会主义"状况的批判性反思》《伤害＋侮辱——争论中的再分配、承认和代表权》等著作。笔者在阅读文本的过程中，一方面紧抓霍耐特本人对其所研究的对象的理解和评论，从中挖掘出霍耐特在承认理论基础上构建的多元正义理论的思想内涵；另一方面，厘清弗雷泽的思想脉络，她提出了以"公平参与"规范为基础的既包括承认也包括分配要求的"二元社会正义论"。同时也参阅了两位思想家的相关学术成果，如霍耐特的《承认与正义：多元正义理论论纲》《道德发展和社会斗争——从早期黑格尔作品中导出的社会哲学的启示》《被组织的社会实现和个体化的悖论》等，弗雷泽的《作为参与平等的正义》《承认与公平：二元正义理论纲要》《知识社会中的社会正义：再分配、承认和参与》等。此外，本书还参阅了部分国外马克思主义学者或国外马克思学家撰著的英文文献，这对于全面理解他们的思想有着重要的参照作用。除了阅读他们本人的著作和论文之外，笔者还注意到国内外其他学者对于霍耐特、弗雷泽的评论和分析，以及他们之间的交锋，这将为笔者对霍耐特、弗雷泽做出恰当的评价提供基础。

第二，比较分析法。霍耐特与弗雷泽关于承认正义的范式之争最为引人注目。在霍耐特看来，承认概念本身是多义的，建立在承认基础上的正义本身就是多元的，因此提出了承认的多元正义的建构。弗雷泽认为霍耐特所建立的承认理论只是道德文化意义上的承认理论，忽视了经济上的不平等，忽视了物质领域的非正义现象。鉴于此，弗雷泽建构了承认的二元模式。两人又都各有支持者，因而，比较分析的方法在文本阅读和写作中显得尤为重要和突出。

第三，历史的方法。笔者认真追溯了批判理论的历史及西方哲学思潮的发展脉络，并且站在现时代的经济、政治、文化背景下，从纵向和横向说明承认正义的总体面貌，分析霍耐特和弗雷泽所面对和要解决的问题，从而揭示出他们理论的时代特征。这种方法将有利于我们找出霍耐特与弗雷泽的正义理论在各种理论思潮中的坐标。从历史的深处和现实性上，以辩证法的角度来审视和关注承认正义的实践意蕴和对人的生成和发展同时具有的生动诠释。

第四，多维透视方法。作为"爱智慧"的哲学具有理论、实践及意义的关照，世界观、方法论和价值论是解读哲学问题的传统方法，这种方法因为关注内在逻辑、思维方式和价值诉求而触及哲学的根本问题。对正义问题的审视当然不能放弃这种传统的方法，在继承中创新，有利于对当下的现实问题的思考提供平台。承认正义是在跨学科基础上的政治理想、实践的综合体。只有从多个角度深刻地关注其内在的逻辑和联系，才能更好地来审视人类政治生活，并从中获得启示。

第一章

承认正义思想的历史逻辑

正义，是一个古老的话题，也是西方政治伦理学的核心问题之一。在《理想国》中，柏拉图曾经一再追问：什么是正义，什么是非正义？① 尽管柏拉图并没有给出确定的答案，但是自柏拉图编织正义的图景开始，此后人们对正义的追求正是对这一图谱的拓展。从柏拉图、亚里士多德为代表的古典正义，经过以自由、平等、博爱为核心的自由主义正义论，到罗尔斯的《正义论》及自由主义—社群主义之争，无不表达着人们对正义重要性和必然性的企盼，也无不表达了在具体历史语境中人类对正义理想共同的信念和永恒追求。霍耐特的承认正义理论及与弗雷泽就此而展开的争论不仅是这一系列图谱上让人耀目的理论景观，还是对人类美好生活期盼的实践。同样，承认正义的诞生和发展有着深刻的历史主题背景和强烈的时代渴求，并形成了其独特的历史逻辑轨迹。

---

① 柏拉图. 理想国 [M]. 郭斌和，张竹明，译. 北京：商务印书馆，2002：45.

一、关于正义理论问题的元思考

(一) 正义问题的由来

在古希腊,正义来源于女神狄克的名字,是公正道德的象征,掌管着对世间是非善恶的评判。事实上,无论在政治哲学的传统语境中,还是就一般的社会认知来说,"正义"的内涵比"公平"宽泛得多,因此也难以确证得多。它时而指公平或正当,时而指善和福利。所以,自古至今,究竟什么是正义,历来都是众说纷纭,没有一个统一的定义,反倒是形成了许多各具特色的正义思想。这些正义思想往往呈现出明显的时代特点,同时也遗留下许多亟待解决和深入思考的问题。

"正义"作为表达人与人、人与社会及人与自身之间恰当关系的最高范畴,一直以来都是政治哲学、伦理学、法学等学科所探讨的核心问题之一。作为对人类政治生活的哲学追问,政治哲学"主要关注的是人类政治生活的意义和价值的问题,特别是道德价值的问题。在这个意义上说,它是人类对于自身的社会生存的方式及其规范、意义的思考,是对于政治正义的信念和追寻"[1]。显然,正义构成了政治哲学话语的"最高理念"。正义是指社会制度的最高的价值和人的最完美的存在状态,在此层面上理解正义的内涵,正义问题就是任何思想家在对社会制度研究中不能回避的话题。

我们知道,个人与社会构成了政治哲学中的两极,因此,在政治哲学的语境中,作为"概念"的正义应该包括下述两方面的内涵:

---

[1] 刘晓. 政治哲学初探[J]. 政治学研究, 2000 (3): 26—38.

首先，从社会的角度来看，正义意味着社会的有效整合，正义的社会是一个具有良好秩序的社会；其次，从个人的角度来看，正义意味着人的自我实现，正义的人是实现了自我价值、获得了人之为人的规定性与尊严的人。如果说前者是正义的工具性目标，那么后者则构成了正义的核心价值，是正义追求的起点和终点。

"我们不能否定在正义和历史之间存在一种关系，在这种意义上，社会空间的延伸带来正义的更大的社会性和正义仿效。"[1] 因此，任何正义都是历史的写照，他们的形成和发展有赖于历史的凝结与积淀。正义最初是作为一种宇宙论原则而出现的，基于在当时的历史条件下，人们还是自然的附属，人们要服从宇宙的谕令。在这种情况下，人们对正义的追求是将政治和道德结合在一起，也是将自然的律令和人的精神诉求结合从而维持政治稳定性。古希腊人把正义看成最高的美德，看成调整人们之间相互关系的基本道德准则。这个时期是美德城邦化与城邦美德化的时期。政治的正义就是城邦的美德与个人的美德的统一。无论是柏拉图还是亚里士多德都是站在城邦与个人的对立统一中谈论正义问题。到了中世纪，基督教神学在思想文化领域占据着主导地位，政治、哲学和文学等都属于神学的旁系。此时，正义问题也就纳入了神学的视野之中。如果说古希腊的城邦政治的最终目标是追求自然的至善的话，那么中世纪的神权政治的终极目标不过是换了上帝的面具以实现上帝的至善罢了，"两者的精神气质和血脉是完全契合和相通的，即都是为了完

---

[1] 丹瑞欧·康波斯塔. 道德哲学与社会伦理 [M]. 李磊, 刘玮, 译. 哈尔滨：黑龙江人民出版社, 2005：57.

成和体现宇宙的和谐和秩序这一上帝的正义"①。近代以来,在西方历史上举起了"理性"的大旗,正义的价值取向从对神的信仰转到了对人的尊重,在正义的内容上从要求人们恪守其位转到了对自由、平等、博爱的追求,在正义的形式上,从服从上帝的法律转到了制定人间的法律,正义的标准从以《圣经》为标准转到了以人的理性为标准。

进入现代,思想家们把正义归结为合法性,归结为非理性的情感、意志的表达,从而实际上取消了正义问题。当正义理论在现代实证主义、相对主义思潮中走到尽头的时候,便预示着正义理论的当代复归和复兴。"规范的取向正成为政治学一条迅速扩展的边界,正像经验分析曾经遇到过的那样。"② 罗尔斯的公平正义,诺齐克的人权正义论,桑德尔、沃尔泽、泰勒等人的社群主义,哈贝马斯的正义真理,等等。这些思想家们都对现代社会机能的问题进行了思考和探索,尽管有着各种冲突和不同意见,但是,在当下社会中他们显示了一定的衰退和对待这个时代的无能为力。现代意识的危机迫切需要一个新的有关正义的伦理政治观,可以说承认正义理论的出现正是迎合这个时代的需求。

(二) 西方正义思想的困境

对正义理论的追逐和丰富,思想家们也都在自己可能的范围内竭尽全力,但并不能妥善解决实际问题,甚至随着时代的进步,在社会实践面前这些正义理论愈发式微。西方正义理论在当代社会发

---

① 林国基. 神义语境中的社会契约论传统 [M]. 上海:上海三联书店,华东师范大学出版社,2005:101—102.
② 达尔. 现代政治分析 [M]. 王沪宁,等,译. 上海:上海译文出版社,1987:176.

展过程中在论证方式和思路陷入了僵局，形成了互相难以驳倒的理论立场或理论基础，从而导致了争论不休。正义理论要想进一步发展，指导社会实践，对生活中的实际问题给予恰当安排，就必须直面正义理论面对的困境。

1. 正义主体日益复杂化和多元化

古代正义思想通常以社会作为正义的主体，城邦、国家都曾作为社会的具体代表化身为正义的主体。在古希腊，主张一种自然的政治观与整体主义价值观，因此，他们通常将人类社会作为一个整体来看待。柏拉图最关心的是一个理想国家应该是"公正"的国家的生成，每个人在追求自身正义的过程中获得国家的正义；亚里士多德注重"获得城邦的善显然是更为重要，更为完满。一个人获得善不过受到夸奖，一个城邦获得善却要名扬四海，更为神圣"[①]。到了近代，经院哲学逐渐衰落，人的主体地位逐渐确立，主体意识日益觉醒。众多哲学家们从人本主义的角度开始对正义问题进行探索。格劳修斯、洛克、霍布斯等都开始关注个人的权利、自由、民主等正义范畴。在当代正义思想发展的过程中，关于正义主体的争论更是众说纷纭，莫衷一是。仅在自由主义内部，对于正义主体的界定就有多种意见相互竞争，还有源自社群主义、文化多元主义等流派的争论。

在今天，正义的主体则发生了更为深刻的变化。科技革命、时代变迁、移民浪潮一个又一个的时代大潮席卷了传统社会，当今的

---

① 亚里士多德. 尼各马可伦理学 [M]. 王旭凤，陈晓旭，译. 北京：中国社会科学出版社，1990：2.

社会是一个充满了多样性、差异性，有不同利益群体所组成的社会。阶级的划分不再是社会构成的唯一标准，而是发生了断裂和破碎。相反，伴随利益阶层多元化的一个逻辑结果就是主体多元化，包括妇女、第三世界移民、少数民族、同性恋、"有色人种"等社会弱势群体或边缘群体。因而，当代社会是一个以不同话语、不同价值选择、不同文化倾向共存的差异社会，一个不断产生着"对抗的"社会。正义主体突破了地域、性别、国别、种族、民族的界限。这些主体为了个人、民族、国家、群体的利益、权利、尊严而战。因此，正义的主体不再是单一和独立的，需要人们重新考虑和反思。于是，哈贝马斯提出了独特的主体间性作为正义的主体，这种主体间性既体现在民主政治的商议团体之中，也体现在公共领域的交流网络之中。

随着社会要素的不断变化，正义主体发生着巨大的变更。要满足各个主体的正义要求，也就变得更为艰难。正义主体的复杂化和多元化促使当代的正义思想在理论上的研究和说明更加迫切。这也是正义问题依然在凸显的原因之一。

2. 正义内容涉及范围越来越广泛

由于对正义主体的观点不同，而且随着参与社会活动的主体愈加多元，对正义的内容的追求和争论也愈加广泛和丰富。正义是西方伦理学主要道德规范之一，指社会中人与人的关系的实质、规范与法律规则。在西方哲学中，正义观念最早是指自然的惯常状态，是作为调整自然力对宇宙组成部分的平衡与协调的先验的宇宙原则出现的。当希腊人开始摆脱对传统秩序的盲从，反思政治法律的合法基础时，正义范畴被引进政治哲学范畴。探讨的是如何在国家的框架内最大限度地实现个人的权利，以及如何更好地安排国家的制度和结构，以保证人们的权利实现。

但是，近代以来，"正义"问题在利益分配领域凸现起来，成为经济伦理学的一个重要议题。关于经济正义的探讨，成为人们的话题核心。集中关注人的经济行为需要选择理想的体制性目标和规范，社会经济关系及其矛盾冲突需要平衡和解决。从人类本性，社会财富分配和社会经济对人类发展的影响的角度对人类经济行为的准则进行讨论。突出反映正义的实践理性精神或现实规定，表达的是人与人之间利益关系的合理化，人的权利和义务的对应化，人的付出和获取的对称化，人对效率与公平的正当需求和满足的刚性化。

进入当代之后，正义成为西方政治哲学中最引人关注的焦点问题。正如罗尔斯所说："古代人的中心问题是善的理论，而现代人的中心问题是正义观念。"[①] 各个学派、各位学者从不同角度、不同立场对正义问题进行了探讨。从理论层面的论争到实践层面的表达，所表明的恰恰是在对人与社会正义关系的理解上，要么将自由平等的个体视为正义的出发点，要么将同质性共同体或文化社群作为正义之目标，或者在经由起点而实现目标的社会过程不够彻底。在经济、政治、文化的综合层面上对正义进行了分析和论证。他们的理论或者有着强烈的现实主义色彩，或者无法逃脱乌托邦的空想，或者在两者之间徘徊。但是在很大程度上扩展了正义的范畴，深化了正义的内涵。因此，在全球化时代里各个领域内冲突和斗争跌宕起

---

① John Rawls. Political Liberalism [M]. New York: Columbia University Press, 1996: 11.

伏，如何在现实和乌托邦之间寻找平衡，如何在众多领域内实现正义依然是我们在当前必须面对和亟待做出选择的问题。

3. 正义的核心价值之间的张力被破坏

如果说一直以来正义的应有之义是公正的话，那么直到启蒙时期正义最核心的价值是从法国大革命中提炼出来的自由、平等和博爱。博爱一般被视为具有个人性质的价值。在这三个价值中，自由和平等最能体现出人类社会的最普遍的价值倾向。此后，几百年来西方政治思想家将自由和平等作为苦苦追求的基本政治价值。无数人前仆后继以建立新社会、新制度为己任，以实现自由和平等为目标。在现代社会中政治制度、法律制度一方面体现了自由和平等思想，另一方面又是自由平等思想得以实现的保障。就此而言，只有触及制度问题的正义反思，才能真正涉及正义的根源。

但是，人们很少去探究自由和平等之间的内在关系，也未清楚地意识到这一点。自由与平等作为信念深入人心之初，并没有人追问它们之间是否存在顺序上的孰先孰后，抑或重要程度上的主导与附庸，甚至产生源头上的独立和派生。他们之间始终存在着一种张力：起初，自由和平等一起摧毁了封建制度对人的压抑和桎梏，获得了最初的胜利，相伴而行。但随着资本主义政治制度的建立，社会的进一步发展，两者之间的张力被打破，呼啸而来的资本主义在"碾碎了以门第出身为基础的封建性质的不平等之后，又造就了新的巨大的社会差异"。自由和平等作为正义理论的核心价值，两者之间的张力随着社会的迅猛发展被破坏，并在理论和现实之间将矛盾更加凸现出来。

正义理论核心问题的矛盾主要表现在以下几个方面。第一，制度性问题对自由和平等张力的破坏。制度作为一个总体性框架，合理的制度为公平、正义提供了平衡的张力。今天，西方国家遇到了很多的问题，事实上，这些问题归根结底都是制度上的困境。例如美国，两条最重要的制度前提"个人自由神圣不可侵犯，私有财产神圣不可侵犯"，结果导致了不能从根本上解决公平问题，也不能解决人际冷漠。而就社会主义制度来说，个人自由和社会稳定是以所有制的归属来决定的，以往公有制的缺点是个人自由的缺失，过分强调结果平等。制度的制定影响了正义核心价值之间张力的保持。第二，在自由发展到一定阶段之后要如何看待平等问题，过分强调自由会导致平等的缺失；而过分注重平等（平等又分为程序平等和结果平等，强调前者则导致贫富分化，强调后者则出现机会不平等）会导致自由的丧失。而且，对平等的重视也会导致不同的不平等，即重视结果平等则会出现程序不平等，重视程序平等则结果不平等就不可避免。第三，在当代出现了自由向平等倾斜的趋势。自由原则是所有原则的前提和归宿。罗尔斯的自由观的出现，促使平等向结果平等迈进，但会失去程序平等维度。过分重视个人自由，自由之后带来的困扰就会不断显现，个人乃至社会的幸福就会消失。因此，就出现了自由为先还是德性为先的争论。

科学技术的进步展现出了人类对自然、社会及自身能力的提高，那么伴随这种能力而来的则是另一幅宏大的场景——人们为了公平、正义及获得承认展开的诸种形式的斗争，这些斗争形式越来越呈现多样化和复杂化趋势。世界经济权力结构向多极化与区域集团化发展，政治上表现为多极相互竞争掣肘，凭借技术文明的现代化席卷世界的各个角度，社会进入一个矛盾突发期，进而引起人们彼此为确证认同导致的冲突频发。国际上,各种形式的恐怖主义日益猖獗,恐怖主义的产生又与多元文明在国际中碰撞、以美国为主导的西方文明强力渗透不无关系。生态主义、女性主义、反文化主义的文化思潮流行,与此同时许多国家在全球一体化的过程中,社会进入了一个矛盾突发期:围绕利益分配的公平问题、价值评判的多元化趋向、城市里凸显的现代性的多愁善感及农村在改革过程中陷入的物质和精神贫困化状态等,这些都值得我们反思。

二、承认正义思想生成的历史背景

承认正义理论之所以能应运而生而且在当代大放光彩,主要与20世纪以来西方独特的社会历史条件及其文化传统相关。因而,在承认正义思想身上深深地打上了时代的印记。这既与后工业社会与生俱来的弊病有着紧密联系,同时还是其特定的理论背景和逻辑发展路径所致。

(一)后工业社会与新的控制形式

人类社会在20世纪经历了一个复杂的变化过程,物质生产业取得了巨大的成就,世界各国的生产力水平获得极大提高,生产技术、科学水平与日俱增,人类在几十年间所取得的成就远远超过了以前几百年成就的总和,这不仅极大地促进了工业文明的发展,而且增强了人们征服自然的信心。相应地在20世纪资本主义和社会主义都经历了剧烈而又深刻的"革命"历程,并伴随着不同意识形态和各种理论形式的交织产生和发展。自20世纪50年代开始,西方资本主义社会进入稳定发展时期,社会生活的方方面面发生了一系列新的变化。政府调控在经济生活中的作用逐渐增强,科学技术在生产力方面的比重日益增强，人类生存境遇全球化，这些变化成为认识资本主义新的实践逻辑。以批判工业文明见长的法兰克福学派随着其第一代代表人物相继辞世，对其研究的热度也逐渐退去，但是其思想已经成为全世界的精神财富，对其理论的研究仍待拓展和深化。

这一时期，发端于美国的以原子能技术、航天技术、电子计算机的应用为代表的第三次科学技术革命到来，科学技术在推动生产力和促进社会变革方面的作用越来越明显。使得哈贝马斯所描述的"随着大规模的工业研究，科学、技术及其运用结成了个体系"，"技术和科学便成了第一位生产力"[1] 的历史趋势成为现实。科学技术和其他领域的相互渗透越来越强，对国家的政治、经济和文化，甚至人们的日常生活都产生了重大影响。在促进生产力发展，改善劳动条件的同时，也引起世界经济和政治格局的变化，改变了人们的生活方式、交往形式。科学技术大大提高了生活水平，使大多数人更容易生活；科技革命实现了劳动工具的机械化、自动化、智能化；科技革命改变了人们的交往方式，人与人之间的关系变得真实而又虚拟、亲密而又陌生、咫尺而又天涯。图兰尼曾说："一种新形式的社会正在形成，如果我们想依据它的技术，依据它的'生产力'来界定它，就让我们称它为程序化社会。如果我们选择依据它的统治阶级属性来为其命名，我们将称他为技术专家社会。"[2]

后工业社会的到来，扩大了人对自然的统治力，拓展了人自身

---

[1] 哈贝马斯. 作为"意识形态"的技术与科学 [M]. 李黎, 郭官义, 译. 上海：学林出版社, 1999: 62.
[2] 查尔斯·詹克斯. 后现代建筑语言 [M]. 李大夏, 译. 北京：中国建筑工业出版社, 1986: 42.

的能力，世界呈现出社会化、标准化、机械化的特点，整个社会的核心技术为"技术专家力量"控制，导致社会被技术"程序化"。结果也导致了一系列的问题，诸如全球性的生态破坏、社会交往技术化等问题不断涌现。马尔库塞曾说：这个社会"它的生产力破坏了人类的需要和能力的自由发展，它的和平是靠连绵不断的战争威胁来维持的，它的增长靠的是压制那些平息生存斗争——个人的、民族的和国际的——现实可能性"[1]。科学技术以不可阻挡之势席卷了人们的政治生活、物质生活、精神生活、日常生活乃至人的内心世界，科学技术在资本主义生产力中的作用日渐加强，从而也使得早已存在着的人的异化现象愈益严重，人的心理倍感压抑。人不再是真正意义上的人，人的工具性被无限放大，不仅是作为实现社会进步的方式方法而言，而且是作为人的内心世界的需求而言也被不断工具化。在追求利益的大潮过程中，现代化的技术被无限制地运用到生活中，人们的吃穿住用行无不打上了后现代的痕迹。甚至是人们在交往过程中也不断被科技所控制，邮件、QQ、MSN、微信、社交网络等成了我们交往中的重要媒介，人的情感交流也逐渐为这种新型的交往方式所代替，甚至被夸大。人的心理在虚拟的网络世界中被扭曲，现实生活中无法满足的需求和希望，在网络世界中一一实现，但是这种实现的情感和需求是被异化了的情感和需求。这样的人不是真正自由的人，这样的人也不能实现全面的发展。就我国而言，我们深化改革的重心和目标就是消除这种两极分化，让更多的人民共享改革开放的成果。这些情况反映在心理层面就是当下

---

[1] 马尔库塞. 单向度的人 [M]. 张峰等, 译. 重庆：重庆出版社, 1988: 2.

人们的情绪焦虑加剧，情感疏离增强，人与人之间的距离拉大。智能手机迅速裹挟大街小巷，人们信息获取的碎片化，使得专家意见成为人们生活的风向标，人们内心对尊严的要求日益强烈。这都是我们必须正视的问题。

现代化既是进步，也是选择，更是淘汰。它是一个发展过程，包括出现新现象，选择先进的，淘汰落后的。对此，人们或者将作为一种既存的事实对其进行批判，或者将其视为对未来蓝图的设计进行描绘。然而，事实上这种蓝图带给人们的是困惑和不解，是对自我确证的疑惑，对于承认的渴求这都是人们面临的新问题。20世纪的人类社会在现代技术面前变得无能为力，技术理性给人类带来了巨大进步的同时也给我们带来了众多的问题，人类将何去何从变得更加迫切。事实上，今天技术控制型社会里，专家意见日益成为我们生活的指导。在这样的氛围中，即使一个简单的问题都会招致众多专家的讨论，而且社会的巨大进步也引起了人们对于物质财富分配的新思考，同时这种新的控制形式促使人们对承认的需求更加强烈。工业文明并没有给人类带来真正的自由和幸福，自由的宏大被法西斯的集权统治和暴行彻底摧毁，历史精神的内在冲突与人类生存的现实文化紧密地联系起来。在新的历史境遇，法兰克福学派主张致力于揭示"非人事物下面的人的根基"[1]。

(二) 社会斗争不断和追寻正义渴求

科学技术的进步展现出了人类对自然、社会及自身能力的提高，

---

[1] 霍克海默. 批判理论导论 [M]. 徐崇温, 主编. 李小兵, 等, 译. 重庆：重庆出版社，1989：3.

那么伴随这种能力而来的则是另一幅宏大的场景——人们为了公平、正义及获得承认展开的诸种形式的斗争，这些斗争在形式上愈发多样化，在内容上愈发复杂化。世界经济权力结构向多极化与区域集团化发展，政治上表现为多极争取领导世界的竞赛而导致相互掣肘，日益发达的现代化席卷全球，社会进入一个矛盾突发期，进而引起人们彼此为确证认同导致的冲突频发。国际上，各种形式的恐怖主义日益猖獗，恐怖主义的产生又与多元文明在国际中碰撞、以美国为主导的西方文明强力渗透不无关系。生态主义、女性主义、反文化主义的文化思潮流行，与此同时许多国家在全球一体化的过程中，社会进入了一个矛盾突发期：围绕利益分配的公平问题、价值评判的多元化趋向、城市里凸显的现代性的多愁善感，以及农村在改革过程中陷入的物质和精神贫困化状态等等，这些都值得我们反思。

"二战"以后，世界进入一个相对稳定的时期，但是这个时期世界上的冲突和斗争仍然此起彼伏，地区性的局部战争持续不断。人们见证着或者亲历着一次次的战争和冲突：从20世纪的朝鲜战争、越南战争，到两伊战争、海湾战争、科索沃战争，再到21世纪的"9·11"事件、阿富汗战争、伊拉克战争，美国对叙利亚发射导弹，等等。这些冲突和战争伴随着人类社会而并未消失，同时这些战争和冲突也席卷着世界每一个角落的人们，尤其是那些处于劣势的少数群体和民族的人们。战争给参战双方及世界人民都带来了巨大经济、生命损失，还有心理伤害。

在这些战争和冲突中，由于各方的经济实力和对核心技术掌握的情况不同，为了获得更多的资源、为了宣扬本国的价值观，为了控制他国的政治走向，因而，他们的价值诉求和对"正义"的追求越来越受到怀疑。他们试图通过商品、技术、文化的输出来宣传本国的价值观念，但这些"西方人眼中的普世主义，对非西方来说就是帝国主义"①。因此，今天及未来的战争和冲突带有很强的文化渗透性、政治征服性，以及对多元主义的控制性。在这样的条件下解决战争的途径和方法也被打乱，迫切要求寻找新的对话方式和协商路径。资本主义的发展依然面临着许多无法摆脱的弊病，而社会主义在变幻莫测的国际局势中举步维艰。同样，社会主义国家的发展也不是一帆风顺，他们在探索中前进，不仅要抵制资本主义的渗透，还要面对自身的问题，要么在连连失误中曲折前行，要么触礁沉亡，要么在跋涉中寻找新的希望。

在今天，如果说阶级斗争、民族战争及地区冲突是显性的、激烈的、暴力的，那么为了种族、人种、身体、性别甚至文化而不断的冲突和斗争则是隐性的、持久的、温和的，但却会渗透到我们的日常生活之中。这些没有硝烟的战争随时都可能爆发。20世纪60年代，是一个社会大变革的时代。欧美国家的青年人秉持着一套全新的世界观、价值观和人生观，尤其是青年学生参加了许多的政治活动，表达他们在政治上的观点和倾向。人们开始为妇女和各色人种争取更多权利。生产力的发展不仅促进了社会物质财富的积累，而且女性在社会中的作用不断加大，因此，她们也要求在政治领域提高自己的地位，并为此而展开斗争。"有色人种"为了获得自己的政治权利和社会地位，不断开展各种运动，力图获得同白人同等的待

---

① 塞缪尔·亨廷顿. 文明的冲突与世界秩序的重建 [M]. 周琪, 刘绯, 张立平, 等, 译. 北京: 新华出版社, 2002: 200.

遇。环保主义者为了宣扬绿色思想，策划各种各样的活动，努力提升人们的环保意识。这些问题无疑都与种族的、阶层的、性别的、文化的、价值观的多方面的认同政治问题息息相关。各个群体寻求主体间性上的承认是社会新运动产生的主要原因。现代社会不再是传统意义下的社会形态，物质生活、政治诉求、人际关系、价值取向等都发生了翻天覆地的变化，那种桃源式的道德主宰的理想王国似乎早已烟消云散。

我们发现，无论是在烟尘弥漫的历史深处，还是在伸手可触的当前世界，都存在着不可忽视的各种冲突和斗争，人们都在孜孜不倦地追寻正义的真谛。时代的煎熬与困惑正是思想家们理论起步的原点和开端，对前人波折的生活经历追问、对未来生活的憧憬和迷惘、对多种文化之间相互撞击的体验，使得我们不得不探究现代情景下个人的畸形生活状态，以及人的自我表达途径、认同感受和归宿感的缺失。面对物质极大丰富，而收入差距却越来越大；资源越来越多，但对其占有却越来越集中的情况，如何在分配和承认之间做出选择，这一问题对于未来社会是何种景象的谋划，那么人类自我实现与解放何以可能，以及方向何在？这都是我们要不断面对和解决的难题。

三、承认正义思想演进的历史逻辑

（一）承认正义凸显的历史必然

今天在正义的主体、内容及核心原则上都没能形成共识，甚至随着对这些问题的深入剖析和观点的全面阐发，陷入了理论困境中，亟待进行思维转型，否则只会在这些问题上迂回徘徊，难以开拓新的视野，启迪新的思维。

第一，社会现实所发生深刻变革及人们的斗争努力，是人们在实践中对正义的追寻和探索。这些行动在理论上，实则是正义理论在当代社会所表现出来的困境和矛盾。法兰克福学派通过对资本主义社会经济政治文化乃至整个西方工业文明及人类生存境遇的探讨和批判过程中，生成了丰富的正义观点。"从其早期重建社会批判理论的努力，到对晚期资本主义异化状态的心理学分析和对极权主义体制社会根源的研究，以及对资本主义社会经济政治文化变化的探讨，到对整个西方工业文明及其理性基础的批判，在哲学逻辑上，毫无疑问，这种批判已经达及它可能达及的深度。"[1] 承认正义思想是这一逻辑发展的继续，它的显现与当代正义理论所面临的困境相关。

就资本主义内部而言，这种斗争的声音业已愈发强烈。一极是来自当代资本主义中下层的声音，他们在现在的条件下，生存的现状令其不满，被压迫、形式平等无法触及实质平等，以及中产阶层在经济危机中被迫脱落华丽的外衣，经济上日益窘迫，政治上无所作为；另一极是精英阶层，他们一方面拥有着巨大的财富收入，另一方面凭借其经济地位掌握了政治上的话语权，主导着国家和社会的发展趋势和方向。这两极之间的实际张力在今天愈发紧张，地位不同，境遇不同，产生了完全不同的情感体验，造成了社会的分裂和不和谐。现有的正义理论甚至其他思想都是为现在的资本主义统

---

[1] 张一兵，胡大可. 西方马克思主义哲学的历史逻辑 [M]. 南京：南京大学出版社，2003：380.

治而辩护。承认正义认为，不同身份地位、教育背景等条件下人们所享有的社会资源肯定是不一样的，而这种不公平在社会上却是被承认的，因为这种不公平就是由社会性质和社会制度所导致的。这里霍耐特已经认识到了承认是可以被分配的，并且提出被承认的机会。

就整个世界范围而言，来自不同地域、不同境遇、不同群体的声音相互碰撞，都在焦灼混战中。伴随着全球化浪潮，在资本的带领下技术、商品、信息等冲破了有形与无形的疆界，在世界范围内的舞台上相互掣肘战斗。"现代性以前所未有的方式，把我们抛离了所有类型的社会秩序的轨道，从而形成了其生活形态。在外延和内涵两方面，现代性卷入的变革比过往时代的绝大多数变迁特性都更加意义深远。在外延方面，它们确立了跨越全球的社会联系方式；在内涵方面，它们正在改变我们日常生活中最熟悉和最带个人色彩的领域。"[①] 多元的新社会运动代替了单一的工人运动，各种各样的社会冲突充斥了资本主义社会。"有色人种"、女性、少数族群、生态主义者、农民等，各种散落在边缘的社会力量的能量在尽情释放。他们的斗争不仅仅为了争取经济上的分配，更多的是为了文化或生活方式的价值、他们作为人的尊严、他们的人身不可侵犯的完整性。正是基于这样的社会主要问题，基于对这些问题的逻辑把握，霍耐特一直在抽丝剥茧。"为后来发展一种承认的规范理论提供了一个导向。"很显然，这里承认正义就呼之欲出。

第二，当代社会面临全面文化危机。当今世界，最重要的特征

[①] 安东尼·吉登斯. 现代性的后果[M]. 田禾，译. 上海：译林出版社，2000：4.

之一就是呼吁和争取多元文化认同，并且这一特征随着全球化的发展而成为世界性的潮流。在那些移民国家，尤其是北美国家，他们长期实施民族、种族及移民限制政策，以保持所谓的文化纯洁性。事实上，二战之后时至今日，这些移民国家的人口结构日益多样化，民族文化多样性空前发展。与此同时，国家内部的种族、民族矛盾也进入了矛盾高涨期。对于国家间来说，类似的文化冲突也处于一个不断扩张的态势，多元文化认同的呼声在全球范围内得以彰显，由国家内部种族、民族问题的解决对策发展成为国际间文化冲突的协调原则。

我们正处身于全球化的时代。我们的精神与生存，均与全球化有着深切的关联。全球化，全方位地冲击着我们的政治、经济、文化、精神与日常。如何突破掌握经济控制权、技术控制权和语言优势的强势文化的渗透、支配和同化，成为我们必须面对和解决的问题。文化多元化过程中，全世界的非正义现象不但没有减缓，反而更加突出和多样。妇女、少数民族、"有色人种"等逐渐成为西方国家在全球竞争中首先遭受新"社会排斥"的边缘群体和弱势群体。这些冲突和斗争不仅对国家的经济发展造成了严重的阻碍，而且也造成了剧烈的社会分裂和社会痛苦。

如果说经济范畴的正义可以用经济手段加以解决，政治范畴的正义问题可以采用政治的手段加以解决，那么对于文化范畴的不正义，又该如何解决呢？如果说这种文化斗争和冲突在实践中表现为各个群体为了各自目标和内容的各种形式的社会冲突和斗争运动的话，那么这些文化领域的不正义则亟需在理论上加以说明和论证，并寻找解决办法。当代思想家们给出的诊断方案是——承认理论。

承认理论至少在两个层面上解决了文化上的不正义：一是要求对于不同社会群体予以"政治承认"，实现社会主体、主体间的平等地位；二是指向话语权力中心，要求对于不同社会群体予以在历史、哲学、文学和政治领域的承认，实现其价值选择上的自由，实现"文化承认"。这一方案既能迎合当前社会发展的新形势，同时也能解决文化本身的特质——具有相对的独立性和弹性。

总之，在当今西方和整个世界，人们提出了现代历史上最广泛的自由平等要求，正义这一古老的话题焕发出新的生命力，被注入新的时代内容。几乎所有的人都在追求平等的承认，实现社会的正义。

（二）批判理论的困境和伦理转向

社会现实所发生的深刻变革及人们的斗争努力，是人们在实践中对正义的追寻和探索。这些行动在理论上，实则表现为正义理论在当代所出现的困境和矛盾。法兰克福学派通过对资本主义社会经济政治文化、整个西方工业文明，以及人类生存境遇的探讨和批判生成了丰富的正义观点。"从其早期重建社会批判理论的努力，到对晚期资本主义异化状态的心理学分析和对极权主义体制社会根源的研究，以及对资本主义社会经济政治文化变化的探讨，到对整个西方工业文明及其理性基础的批判，在哲学逻辑上，毫无疑问，这种批判已经达及它可能达及的深度。"承认正义思想是这一逻辑发展的继续，它的显现与当代正义理论所面临的困境相关。

今天，批判理论家们复兴了黑格尔耶拿时期的"承认模型"，重塑了"承认理论"的范式，并以"承认"为基础拓展为正义理论，承担起对当代社会的正义实践使命。在众多的理论中独树一帜，这是由其独特的逻辑路径所决定的。

1. 逻辑起点：德国的文化传统和现实境遇开启了批判之路

"批判的"（critical）源于希腊文 kriticos（提问、理解某物的意义和有能力分析，即"辨明或判断的能力"）和 kriterion（标准）。从语源上来说，该词暗示发展"基于标准的有辨识能力的判断"。因此，"批判"概念与哲学史相关，成为贯穿从德国古典哲学到法兰克福学派哲学的一条红线。康德最早建立了"批判哲学"这一庞大的哲学体系，但就其"批判"的内涵而言，则是对人类理性的研究、考察、分析。他的"三大批判"考察了人的理性认识能力、实践能力、理论理性与实践理性沟通和联系，研究知识的起源、范围和界限，以便最终回答批判所关心的两大问题，即自然必然性的原因和人的自由的原因。康德之后，"批判"成为西方近代哲学的核心范畴。因此，恩格斯说："这个时代的每一部杰作都渗透了反抗当时整个德国社会的叛逆精神。"[①]

但是法兰克福学派的"批判"并非源自康德的三大"批判"，它将社会视为一种对抗的总体性，但这种社会学还没有将黑格尔和马克思排除在它的思想之外，而是自视为他们的继承者，其"批判"概念就是从马克思政治经济学批判中生发出来的。马克思的许多著作都以"批判"命名，诸如《黑格尔法哲学批判》《哥达纲领批判》《神圣家族，或对批判的批判所做的批判》，尤其是《1844年经济学哲学手稿》的"批判"思想。这种"批判"是包括对资产阶级社会经济、法律、道德、政治和上层建筑等诸方面的完整批判，并且

---

① 马克思恩格斯选集：第2卷［M］. 北京：人民出版社，1972：634.

"批判"精神的贯彻是始终如一的。最终从历史唯物主义角度实现了对正义的超越和结构,并发展和完善了对自由竞争资本主义社会的政治经济批判,为社会批判理论树立了具有划时代意义的批判范式。法兰克福学派的理论家们恰恰是继承和力图恢复这种批判本质,对资本主义社会持不屈不挠的批判立场,从而发挥哲学真正的社会功能,个中成员在这一点上都堪称旗帜鲜明。

"一战"后,资本主义世界进入相对稳定的发展时期,工业文明得到了极大的发展。此时的魏玛共和国进入虚假繁荣时期,即德国经济典型的结构变革时期,重心日益从农业转向工业,现代化的、高科技的工业在迅猛发展,而将农业远远地抛在后面。但是这种稳定、繁荣转瞬即逝,法西斯的集权统治和暴行不仅摧毁了工业文明所带来的物质进步和生活改善,并且促使人们进一步反思历史传统与人类生存境遇之间的关联。在这样的背景中孕育产生的法兰克福学派,不仅看到了工业文明带来的经济繁荣和生活质量的提高,而且看到了工业文明背后资本扩张的本性和贪婪的欲望。他们重拾德国的"批判"传统,恢复马克思主义的批判本质。20世纪变动不居的社会现实,德国厚重的文化传统积淀和理论资源,西方马克思主义者们在学术争鸣中所显示出的学术张力等各方面因素成为法兰克福学派理论产生的逻辑起点。他们一开始就从哲学、文化批判与社会诊断之间的关联着手,提供了一套批判和分析的系统理论。

2. 逻辑发展:以启蒙精神为大旗的工业文明批判

《启蒙辩证法》是法兰克福学派史上具有里程碑意义的著作,整部著作围绕着对启蒙精神的论述和批判展开,书中所表达的对人类文明史进行的辩证反思是"批判理论"的最高成就。就其内容而言，这在法兰克福学派史上开创了悲观主义文明批判先河；就其理论逻辑进度而言，法兰克福学派"从其早期重建社会批判理论的努力，到对晚期资本主义异化状态的心理学分析和对极权主义体制社会根源的研究，以及对资本主义社会经济政治文化变化的探讨，到对整个西方工业文明及其理性基础的批判，在哲学逻辑上，毫无疑问，这种批判已经达及它可能达及的深度"。[①]

启蒙运动根本要旨是要使人类摆脱恐惧，成为自然（和社会）的主人，确立人的统治权。"启蒙精神摧毁了旧的不平等的、不正确的东西，直接的统治权，但同时又在普遍的联系中，在一些存在的东西与另一些存在的东西的关系中，使这种统治权永恒化。"[②] 结果却造成了人的另一种生存困境：在完全被技术理性所统治，人与自然，甚至人自我，人与人之间都发生了异化，造成了人"自我毁灭"的局面。法兰克福学派正是紧抓这一困境，将"启蒙精神"作为批判的靶子和突破口，详尽地描述了启蒙的辩证过程，深刻地揭露了"启蒙精神"给当代工业社会所造成的双重后果。批判的锋芒直指整个人类文明史，直指千百年来所形成的人类文化，尤其是科学知识巨大进步的现状。

面对时代的变化，法兰克福学派将工作中心转移到了对工具理性进行批判，也就是对技术理性主义文化和工业文明的弊端进行批

---

① 张一兵，胡大可. 西方马克思主义哲学的历史逻辑 [M]. 南京：南京大学出版社，2003：380.
② 霍克海默，阿多诺. 启蒙辩证法 [M]. 洪佩郁，蔺月峰，译. 重庆：重庆出版社，1990：10.

判。"工具理性"以探索并把握自然事物发展的规律或本质进而能够"驾驭自然"或"改造自然"为目的,因此,"工具理性"就主要表现为科学技术的发展,"工具理性"也只有借助于科学技术才能发展起来。阿多诺在《否定辩证法》中对同一性进行了批判,实际上也就是对工具理性批判在哲学中的延伸,同一性的思维不过是工具理性中最突出的方面。

法兰克福学派在对工具理性批判的同时展开了对"大众文化"的批判,科学技术迅猛发展,不仅影响了人的生活、思维方式,另一更重要的后果则是由于"文化工业化"而导致的"大众文化"泛滥。因此,对大众文化的批判就成为法兰克福学派大众文化批判理论最重要的,也是影响最为深广的组成部分。这是由于依靠现代科技文化传播的速度和广度全面提升,实现了对人类社会时空深刻占领。在这种情况下,人的理性变成了纯工具化的思维,文化的"技术化"意味着工具理性支配了文化领域。文化产品的模式也逐渐统一化和标准化,这种趋势的直接后果就是导致了人的异化。单调乏味的文化使人变得单调乏味,并且倍感孤独和绝望,找不到通往他人甚至通向自我的桥梁。霍克海默和阿多诺对大众文化进行的强烈批判,是对当代社会中文化价值危机的深刻反思。

文化工业支配了社会生活的一切领域,成了欺骗大众的意识形态,它不仅不能触动资本主义制度,反而还为现存社会秩序辩护,并通过各种手段内化到人们的心理机制中。马尔库塞在《单向度的人》中,就指出,"今天,统治不仅通过技术而且作为技术而使自身永久化并不断扩大,技术为不断扩大的同化所有文化领域的政治权利提供了很大的合法性"①。在现代工业社会中不论是何种文化形式都执行着意识形态的功能，我们文明实现得太完善了，以至于成了虚假的文明。法兰克福学派的意识形态批判就是建立在对于科学技术反思的基础上的，在现存的社会状态中，意识形态的表现形式与实施手段都与科学技术相关。只有对这种文化工业引导下的意识形态进行深刻批判，才能更好地反思工业文明、克服资本主义条件下的技术异化，重建人文理性。法兰克福学派第一代正是在对现实和历史反思的基础上，对工业文明进行了全面的、深刻的批判，达到可能的深度。

3. 逻辑转折：语言转向和伦理转向

自20世纪50年代，资本主义国家政府调控在经济生活中的作用逐渐增强，科学技术在生产力方面的比重日益增强，人类生存境遇全球化，这成为认识资本主义新的实践逻辑。法兰克福学派第一代代表人物相继辞世，然而其思想已经成为全世界的精神财富，对其理论的研究仍待拓展和深化。这一任务由法兰克福学派的第二代领导核心——哈贝马斯承担，他义无反顾地重建包括批判理论在内的一系列理论学说。

晚期资本主义的快速发展给国际社会带来了许多问题，诸如生态平衡被破坏、人类的平衡被破坏。因此，哈贝马斯就需要发展新的批判模式来应对新的社会问题。他修正了第一代批判思想家的批判模式，在对资本主义问题的批判上，仍然坚持了生产力批判的模式，但不是在原来的人控制自然模式的意义上批判生产力发展的后

---

① 马尔库塞. 单向度的人 [M]. 张峰，等，译. 重庆：重庆出版社，1993：153.

果,而是从社会的维度来批判资本主义。第一代批判理论家虽对工业文明进行了激烈批判,但并没有找到摆脱文明危机的途径,要使法兰克福学派传统的社会批判理论摆脱困境,关键在于重建理论基础。"重建意味着把一个理论分解开,然后在某种新形式中,再将其整合在一起,以便更充分地实现它为自己确立的目标。"① 他提出重建历史唯物主义:在生产领域、社会领域和交往领域。前两个领域可以通过马克思的方式得以改进,而交往领域的重建则要依赖主体间性理论,因此哈贝马斯提出了交往概念、话语政治、商谈理论,从而要构建主体概念、平等观念。认为"只有交往行为模式把语言看作一种达成全面沟通的媒介。在沟通过程中,言语者和听众同时从他们的生活世界出发,与客观世界、社会世界及主观世界发生关联,以求进入一个共同的语境"。② 语言成为交往行为的关键和连接点,从而实现了"语言哲学"的范式转型,成为哈贝马斯批判的社会理论基础,正是借助于交往理性从而展开了对资本主义的内在批判。他将关注重心更多地投向了生活质量、人权、生态问题、个人的发展及参与社会决策的公平机会,力图消除社会冲突,维护社会秩序,把激进主义引向改良主义。如果说哈贝马斯交往理论的出发点是为了重建批判理论规范基础,那么,交往行为理论的中心问题就是对现代工业文明进行反思,对后期资本主义社会进行批判,揭露现代文明危机根源,寻找通往未来文明之路。

---

① 哈贝马斯. 交往与社会进化 [M]. 张博树,译. 重庆:重庆出版社,1989:98—99.
② 哈贝马斯. 交往行为理论:第1卷 [M]. 曹卫东,译. 上海:上海人民出版社,2004:95.

霍耐特作为哈贝马斯的嫡传弟子，接任了法兰克福学派的重担，在后形而上学的视野中，沿着哈贝马斯的思路，继续为批判理论重构规范。他从《权力批判》一书开始，就对法兰克福学派批判理论的第一代和第二代理论进行了有价值的历史回顾：从霍克海默到阿多诺的批判理论，是一种在马克思主义传统中的生产力批判，而陷入社会性缺失的困境；哈贝马斯用交往行为重构批判理论规范性基础，关注人和人之间的关系，但仍然存在着问题。在这种批判性反思、回顾和分析中，霍耐特把权力问题引入了人和人之间关系的领域，致力于恢复黑格尔的"承认理论"，这个理论开辟了批判理论的理论新模式——"政治伦理转向"①。他试图重新理解人类历史，重新阐发人类发展的基本模式。具体地说，就是人和人之间为承认而相互斗争的问题。他承认经济斗争在社会历史发展中的重要地位，但又指出，"支配着冲突的集体利益不一定被认为是终极的结局或者本源的动因，相反，它可能是在为承认和尊重的规范要求留有余地的道德经验境遇中被构造出来的。"② 这就是说，经济利益上的斗争应该被包含在道德斗争的范围内，通过道德斗争人们建立社会制度的框架，在这个制度框架中人们才能有效地开展经济活动。

霍耐特的理论模式：一方面是对法兰克福学派批判历史的反思，另一方面是对变化了的社会情况的反映。他将当下资本主义社会所面对的问题表述为在道德情感上对他人的尊重的问题，这种人和人

---

① 王凤才. 霍耐特与批判理论的"政治伦理转向"[J]. 现代哲学, 2007 (3): 49—54.
② 阿克赛尔·霍耐特. 为承认而斗争 [M]. 胡继华, 译. 曹卫东, 校. 上海：上海世纪出版集团, 2005: 172.

之间相互斗争和认同的关系，为其新的综合开辟了批判理论的新道路。哈贝马斯的"语言转向"，以及霍耐特沿着其理论思路上的"政治伦理转向"，在很大程度上迅速扭转了批判理论的逻辑走向，只有适应新形势的理论才能得以生存。

4. 逻辑延伸：批判理论的边缘化色彩

1932年霍克海默把社会研究所迁至美国，直到20世纪四五十年代。迁入美国的这一二十年，对于法兰克福学派来说是一个重要的时期。正是在这个时期里，它的社会批判理论得到形成和发展；也正是在这个时期里，他们致力于对法西斯主义的分析、研究和批判；也正是在这个时期，他们逐渐沾染上悲观主义思潮，为在战后把锋芒逐渐转向马克思主义奠定了基础；也正是在这个时期，他们向美国文化种植新的精神元素，在美国真正生根结果，并为北美留下了宝贵的思想资源。

在美国，法兰克福学派不仅影响着新左派的一些流派和组织，而且还通过修正主义理论的媒介，不断渗入一些国家的工人运动中间。马尔库塞的《单向度的人》和阿多诺的《否定的辩证法》等著作，则是这个时候的重要理论成果。马尔库塞，这位美利坚合众国的公民（当时美国支持越南的独裁政权镇压民族解放斗争，而在国内继续压制黑人，同时已经通过福利国家政策。）进一步提出了一种面向边缘群体的理论。这些理论成果，对被作为整体权力的美国压迫着的那些人，对把美国当作发达工业社会而任其征服的人，对通过与少数族裔和被剥夺了权利并屈从于压迫的人联合起来以采取对压抑性制度的斗争的人们，对并不完全以此方式采取此类斗争的人们来说，符合于他们的需要，并可以成为他们的思想武器。

全球化时代的资本主义出现了不同于100多年以前早期资本主义,甚至不同于战后发展时期的新问题,种族、民族、宗教、性别、生态等文化差异引发的社会冲突空前激烈。约翰·卡洛斯·罗就将21世纪文化研究的目标定位在"要把经济地位导致阶级矛盾的传统观念重新理论化,使人们认识到:由于种族、性别和性爱倾向形成的等级观念实际上是一种服务于政治和经济制度的权力系统"[①]。这些变化都为北美批判理论的发展提出了新的要求,他们不仅继承了批判理论的精神,也重塑了人们的时代诉求。对于弗雷泽来说,这种思想通过她的女性主义立场表现出来,也可以将其看作弗雷泽理论的起点。弗雷泽属于美国战后生长起来的一代,与新左派有着与生俱来的联系,她的女性主义立场反映到政治上就是追求一种被称之为"人人分享民主"的社会制度,而不是社会主义和共产主义。

(三)承认正义思想的内涵及其问题式

纵观法兰克福学派的逻辑演进历史,他之所以引起人们广泛的注意,产生深远而持久的影响,主要是由于该学派的社会批判理论所具有的批判精神和反思意识,承认正义思想的提出不仅具有强烈的现实关怀,而且具有独特的问题式。

就其批判的内容而言,他们对社会发展的研究归结为对现代社会技术发展的批判,强调理论或理性的批判性。批判理论的核心就是批判,主张以破坏一切既定的东西为宗旨。他们甚至认为马克思主义的本质也是批判的,是对社会现实的分析和诊断。承认正义思想的形成也透露出批判理论在当下浓郁的批判性,尤其是这一理论

---

① 谢少波,王逢振. 文化研究读本[M]. 北京:中国社会科学出版社,2000:210.

对社会现实中出现的种种问题所进行的批判与反思。他们通过对"承认——再分配"的争论进而展开对社会的批判来实现本学派研究的转向，认真分析现有社会情况，转而开始反思在资本主义制度内如何实现自我的问题，试图建构以正义与关怀为核心的政治哲学。其一，他们不仅仅将社会正义的实现归结为经济和分配的不公，还从道德动机的角度进行研究；其二，在批判的过程中，对资本主义社会中边缘问题进行了深刻分析，对于现行的政治问题进行了探索并提出方案。从而对资本主义，甚至是对现代社会中的问题进行批判。因此，就承认正义的实际作用而言，它不仅对在资本主义依然强势、社会主义相对式微的情况下提供了重新认识资本主义的批判理论，而且在理论上直接为当前的少数群体的斗争提供了支持。

就其研究的方法而言，承认正义的研究依然继承了本学派的辩证主义研究方法，同时，又把哲学与社会学、心理学等各门学科结合起来，采用交叉学科、边缘学科的研究方法，对社会进行综合性研究。他们用这种方法探讨当时重大的社会问题和政治问题，将社会学、心理学、哲学运用于认识和提出各种问题，并试图回答这些问题。法兰克福学派这种对现代资本主义社会进行跨学科综合研究的方式，是该学派成立之初就确立的方法。法兰克福学派在演进中，虽然其代表人物几经更迭，但一直坚持着跨学科综合研究的方式。承认正义理论的研究依然秉承了这种研究传统，但同时又加入了规范性研究的方法。这样对于社会正义问题的研究不仅视角独特——多学科、多层面的透视和分析承认对社会、自然、人类和正义的发展产生的正负两极效应，而且在阐释理论的深度方面独具特色。

就其批判的目的而言，法兰克福学派的社会批判理论是彻底否定现代资本主义社会，同时把实证主义视为资本主义制度的主要辩护士，并加以系统地批判。马尔库塞把这种否定一切的政治主张称之为"大拒绝"。尽管到了法兰克福学派第三代，这种批判的力度大不如从前，但他们依然坚持在资本主义的语境中探索社会发展理论的批判维度。他们不再那么激烈的否定资本主义，而是对于存在的问题寻找新的出路和解决方案。正是对承认、再分配批判中显现出正义思想的特征。尽管他们的探索存有局限，但却是人类追寻正义道路上的探索。

按照历史与逻辑的统一性原则，该学派社会批判理论视域中的承认正义思想建构及其问题式主要表现在以下几个方面。问题一，在本体论上，霍耐特的承认正义主张道德动机的第一性，认为社会承认关系质量应该构成为社会正义构想的立足点。弗雷泽的承认正义则主张经济分配和文化承认的二元论。问题二，在方法论上，改变了法兰克福学派过去依赖于实证主义的方法，而走上了规范性和经验性相融合的路子。认为批判理论的出路就在于把社会哲学的规范性与经验社会研究的实践性有机地结合起来，这样才能克服传统批判理论的非规范化趋向。问题三，在认识论上，批判事实（科学）与价值分离，抨击工具理性和实证主义，进而形成批判的理性伦理观。以上几个方面的界划是相对的，在该学派思想家具体阐发理论的过程中都会关涉上述问题的方方面面。

第二章

霍耐特承认正义理论的内在逻辑

在当今的世界舞台上，多元主义潮流已成为各个国家、民族、群体，以及每一个人不可回避的时代问题。霍耐特的承认理论立足于这种多元文化背景，但绝非仅仅是来应对这种多元主义的时代话语，而是面向当下主体间的斗争和社会冲突形式，揭示社会发展中的道德动机和内在动力因素，力图在更具广泛性的层面建构一种实践哲学。他以承认为根基，对正义问题进行了反思，建立了多元正义理论，并以此来衔接和回应多元主义的现实潮流。

霍耐特继承了哈贝马斯的传统回溯历史，反思现实，积极创新，以蔑视与反抗为主线勾勒出承认理论的核心思想及基本框架。在霍氏的承认理论中，他从道德规范的层面来解释社会冲突的逻辑：这一逻辑，一方面蕴含了群体在社会范围中权益和价值的诉求，另一方面充满着对个体自我认同实现的关切和对自由的渴求。因此，在承认理论产生之时就内含着一种关于正义探讨的逻辑向度。由此，霍耐特将承认拓展到政治哲学框架之中，也开始把正义的范畴放置在考察的范围之内。霍耐特对黑格尔"为承认而斗争"模型的复兴虽然有着重要的意义，但是质疑声也不绝，其中以女性主义者弗雷泽的责难最为激烈。他们就此展开了激烈的争论，也正是这场论证使霍耐特真正跻身于当今政治哲学领域的焦点之中。霍耐特一边在论争中捍卫自己的承认理论，一边又反思西方正义理论，在正义领域内认真思考了再分配与承认之间的关系，建构了一元道德基础上的多元正义构想。

一、霍耐特承认正义理论的逻辑起点

霍耐特构建的政治哲学理论，力图从承认出发，通过对承认与再分配关系的厘清和描述，一方面坚持将承认视为自己理论的规范基础，另一方面以承认为核心发展多元正义构想。霍耐特在他的正义框架中综合考虑了再分配、文化认同和承认的关系，在深层次上论证了承认作为多元正义理论起点的内在原因。在《为承认而斗争》中就有了正义理论的火花，但是承认正义的集中阐述则主要是在霍耐特与弗雷泽的"再分配—承认"论争的过程中完成的。

（一）霍耐特承认正义理论的理论基础

今天，社会冲突所呈现出的新特点和新形式，使得正义的传统理解遭到了严峻的挑战。霍耐特基于这样的现实考虑，得出的结论使今天的政治哲学目标发生了变化，"不是消除不平等，而是避免羞辱或蔑视为代表着规范目标：不是分配平等或物品平等，而是尊严或尊敬构成了核心范畴"。[1] 主体间承认关系的破坏或者是主体间的蔑视成为当下不正义的源泉，鉴于这样的考量，霍耐特致力于构建

---

[1] 阿克塞尔·霍耐特. 承认与正义——多元正义理论纲要 [J]. 胡大平, 陈良斌, 译. 学海, 2009 (3): 79—87.

一种崭新的、全方位的、多层次的正义理论，即建立一元承认基础之上的多元正义构想。

在今天的学术舞台上，"承认"问题引来了人们的高度关注，但是对"承认"的具体内容却使各持己见，甚至还意见相左。但是一般来讲，所谓"承认"的含义基本上"是指个体与个体之间、个体与共同体之间、不同的共同体之间在平等基础上的相互认可、认同或确认；在全球化时代多元文化主义冲击的背景下，该概念也突出了各种形式的个体和共同体在平等对待要求的基础上的自我认可和肯定"①。从这个角度上来说，"承认"是一个政治哲学和道德哲学概念。因此，霍耐特认为正义的基础应当建立在"承认"之上，承认构成了正义理论的基础和前提。

首先，承认理论及这一术语本身就是对当前社会诉求的集中体现。霍耐特认为："社会批判理论的规范目标现在被构想为正义的'物质的'和'文化的'思考的综合产物，我确信承认的术语必须代表这一方案的统一框架。"② 得出这样的结论，一方面是霍耐特对当前社会政治经济状况的观察和思考的结果，认为传统的正义观念已经无法说明目前的政治哲学诉求。从20世纪末以来，个体对尊严和荣誉的诉求逐渐成为社会正义的重要内容，政治哲学的规范概念随之发生转变。传统正义理论所强调的物质分配正义已经无法回应当代社会的正义要求，在社会正义中的地位有所下降。另一方面是

---

① 南茜·弗雷泽，阿克塞尔·霍耐特：再分配，还是承认？——一个政治哲学的对话［C］. 周穗明，译. 上海：上海人民出版社，2009：3.
② 南茜·弗雷泽，阿克塞尔·霍耐特：再分配，还是承认？——一个政治哲学的对话［C］. 周穗明，译. 上海：上海人民出版社，2009：86.

鉴于传统的正义观念不能恰当解释当前解放运动的目标，而承认则与这些运动的诉求紧密相连。在发达资本主义国家中，少数民族的冲突，女性主义者的斗争等的原因不仅仅是为了获得经济上的平等或物质的再分配，更多的是出于一种道德不满和情感不公正待遇，亦可称之为主体受到了"蔑视"，因此他们要求获得真正的承认和尊重。在霍耐特的理论中，他按照社会生活的发展顺序，为每一个领域提供了一种承认诉求的原则，力图实现对"好的生活"的全部规定。一般而言，爱、平等、社会尊重几乎涉及了社会正义的所有方面，而且这三种正义诉求都恰当地表达了人类社会对承认的诉求。对承认诉求的全面表达实现了人的完整性，即一个主体从个体到法权社会到价值要求的全部要求，在技术设置上完成了对通向美好生活的途径和手段的证明。因此，在霍耐特那里的"承认正义"，对个体或集体尊严的争取，构成了社会正义内容的主要内在标准。主体可以按照霍耐特社会承认结构形式，在不同的领域中参照不同的承认原则来调整自身的行动以实现规范性期待。

其次，承认范畴所具有的包容性特质。在多元正义理论中，霍耐特认为承认是基础性的、统摄性的道德范畴，认为承认能够包容当今社会不同差异的诉求，涵盖面很广，无论这个主题"是本土的领土要求，还是妇女的家务劳动；是同性恋婚姻，还是穆斯林的女性面纱；都可以用'承认'这一术语来解释政治诉求的规范基础。"[①] 这样，"承认"在社会正义理论中具有核心的意义，一方面

---

① 南茜·弗雷泽，阿克塞尔·霍耐特：再分配，还是承认？——一个政治哲学的对话[C]．周穗明，译．上海：上海人民出版社，2009：1．

它表达了新社会运动的目标，另一方面它被视为从整体上揭示社会不公正体验的最合适手段。此外，霍耐特还认为承认作为正义的基础不会造成社会结构的分裂，承认范畴能够适用于个体的私密空间，也能适用于个体在法权社会之中，同时也适用于民族国家之间。他试图复兴批判理论的包容性诉求，通过承认理论的概念框架，建立起不公正与正义目标之间的联系。在他看来，"承认的术语必须代表这一方案的统一框架"①，通过承认的规范前提，可以将三方面的不公正现象统一解释为"制度化的文化过程在历史上多变的结果"②。承认所具有的包容特性相应地也就演化出了其具有灵活性、适应性和弹性的特点。灵活性使得这种规范的对于现代情况的分析则具有很强的便宜性，这种灵活性使得包容性得以充分地发挥和运用。而且灵活性、适应性和弹性是包容性的延展和发挥。

最后，正义发展的内在要求。正义是政治哲学永恒的话题，人类文明的历程就是从野蛮向文明、由非正义向正义、从较少正义到较多正义、从低水平正义到高层次正义的发展。正义理论从古至今几经更迭，但是一直都是围绕着人与社会两个核心展开，前者代表了正义的微观内容，后者表征了正义的宏观趋势，两者的结合构成了衡量人类文明的尺度。就西方正义思想的演变来说，基本内容集中在对"权利——公平——德性"的讨论中，核心思想则是围绕着"自由""平等"和"博爱"展开的，实现了从信仰到理性的转变，

---

① 南茜·弗雷泽，阿克塞尔·霍耐特：再分配，还是承认？——一个政治哲学的对话[C]．周穗明，译．上海：上海人民出版社，2009：86．
② 南茜·弗雷泽，阿克塞尔·霍耐特：再分配，还是承认？——一个政治哲学的对话[C]．周穗明，译．上海：上海人民出版社，2009：86．

从自然法观念到实证主义的转变，一方面丰富了正义的内涵，另一方面推动了人类社会的进步。从古代的应得观念到"正义就是善""德性正义理念"，再到"法就是公平正义""上帝就是正义"实现了正义观念向超验世界的转变；近代以来，自由主义、功利主义直至罗尔斯的政治社会权益分配正义论，则实现了正义理论由超验世界向此岸世界的回归和超越。总体上推进了正义观、正义内容、正义核心的进一步提升和完善。西方正义理论从古代、近代思想家们雄心勃勃地寻求永恒的正义，到现代思想家们把正义归结为合法性，归结为非理性的情感、意志的表达，从而在实际上取消了正义问题。当正义理论在现代实证主义、相对主义思潮中走到尽头的时候，正义理论自身的发展逻辑已经预示着规范的正义理论的复归。经过这一过程，正义理论的研究更加深入了，视野更加宽阔了。霍耐特认为无论是争取分配正义还是要求社会承认或社会尊重的各种运动都是反抗各种蔑视形式的"为承认而斗争"，并将再分配斗争整合于为承认而斗争。承认理论揭示了后现代化的正负两方面效应，批判各种形式的社会不公正，要求通过实现多个层面的相互承认，在规范和经验相结合的基础上重塑社会正义理论。

（二）霍耐特承认正义理论的一元论基础

如果说承认理论是霍耐特多元正义理论构建的出发点，那么对于多元正义理论的规范基础，霍耐特又是怎样安置的呢？在霍氏那里，作为多元正义的规范基础需满足两个方面的要求：不仅要具有作为规范基础的特质，还要承担批判的使命。承认作为规范核心恰恰具备了这两方面的特点。对于当下的社会情况而言，在众多的衡量标准中，承认并不是唯一的和根本的。但是这些单面性价值的决定作用，必须上升到更高的层面上关注社会正义秩序的规范性意义。对于社会冲突的道德评估，有赖于一系列规范性原则的指导。因此，承认理论若是作为一种规范性思想就要同时解决两个问题，即"承认"是一个人应具备的道德理性追求，同时承认原则应在人们的社会生活中规范引导人们的行为，然后才能涉及"承认如何可能"的问题。

"承认"问题之所以重要，是因为由每一个个体成员组成的社会离不开个体之间的相互承认。因此，在"承认"词义有规则的多义性中反映出来的词义的演化进程，就是有关"承认"的"思想事件"的演化进程。在康德"认知"理论中，"承认"第一次出现在我们的哲学词汇中。但是，康德的"认知"概念是建立在他的判断理论的基础上的，而康德的判断理论与笛卡尔的判断理论具有密切的联系。对于笛卡尔和康德来说，承认就是认同，就是通过心灵来把握一个有意义的统一体。德国的古典哲学把人的相互承认置于道德、历史和哲学的中心，认为人是绝对的无限本质，人们的相互承认并不产生于外在环境的强制，而是源于人的理性，是无条件的、绝对的和神圣的。康德认为人作为理性之人必然是相互承认的，相互承认是先天法则，而非后天契约，是康德道德哲学的基本法则。费希特的道德哲学是对康德的进一步发展，在《自然法基础》一书中，明确指出："我能希望一个特殊的理性存在，他承认我作为一个理性存在正像我同样承认他一样。"[①] 黑格尔与康德和费希特一样，

---

① 怀斯特福. 黑格尔现象学的历史和真理［M］. 法兰克福：德国人类学出版社，1979：49.

认为相互承认概念在道德、历史和哲学中具有极其重要的意义，是人类之所以成为人类的第一个基本条件。胡塞尔提出"主体间性"的概念，也是在哲学上解释如何从自我出发达到相互承认的难题。霍耐特在认同西方民主、倡导立足于主体间性的商谈政治基础上，将承认作为一种批判各种形式的社会不公正，要求实现多个层面的相互承认的社会正义理论。认为"只有在新的社会秩序包含着道德上更高级的社会一体化这样的前提下，它（社会一体化）的内在原则才能看作对于勾勒一种政治伦理学的、合理的、合法的起点"[①]。今天，"承认"作为描述文化多元性和冲突斗争的最恰当的范畴为政治哲学家们所复兴和重视，并且将其视为正义要求的规范基础和重要诉求。就此而言，承认范式作为一个重要的哲学命题，是对人类社会正义、好生活的期待和规划。这种相对稳定的承认期待，是对社会化进程的主体性表达。在这个意义上，承认具有规范的逻辑基础和主体诉求，是我们对善与恶、正义与非正义、承认与分配的重新解释。作为一种规范来说，承认具有关注社会正义秩序的规范性意义。

此外，如果说承认具有普遍有效性，具有可靠的社会根基，具有积极向上的趋势，那么这种普遍的规范性在社会生活是如何可能的呢？霍耐特认为承认是围绕着主体的实践自我关系来展开，他继承黑格尔关于承认三种形式之分——爱、法权和成就，分别对应着自信、自尊和自豪三种实践自我关系。同时，三种承认形式也对应

---

① Nancy Fraser, Axel Honneth. Redistribution or Recognition? A Political – Philosophical Exchange [C]. New York: Verso Press, 2003: 184.

着三种蔑视形式——强暴、剥夺权利和侮辱，分别对应摧毁个体自信、伤害个体道德自尊和剥夺个体自豪感三种不公正体验。从而将生命、爱和承认三者统一起来，也将相互承认置于欲望、生命和生命搏斗之中。这是一个既能反映个体社会化的成长过程，同时也使得在自我认同与社会参与互动的过程构建了社会多元正义的规范内容。在这种联动的过程中，社会的政治伦理的原则得以贯彻和实现。批判理论的任务就是要力图把握现存社会状况、对现存社会状况反思。其目的不是要传播福音，不是要开出济世良方，而是要为个人提供制作"解毒药的方案"。相较于"传统理论"而言，批判理论还具有实践的品质，它与现实之间形成一种批判性张力。霍耐特的承认规范则同时具备了这两个要求，既有对美好生活的期待、追求和实践，同时也具有了批判的诉求、否定和调整。在这种联动的过程中将规范性付诸实施，这种普遍的规范性在现实中不断被印证，使得"承认"在人们的社会生活中成为可能。对霍耐特来说，爱、法权和团结这三种承认形式并不仅仅是经验的归纳，在很大程度上它们反映的是现代社会结构中不同领域的规范要求，因而具有普遍的规范意义。

在这里，承认就毫无疑问地成为人类一直以来关注的重要话题和必须面对的问题。就霍耐特的承认正义而言，承认规范是优先于其他问题的，是首要的，而且是一元性的。同时，就规范性而言承认又是可能的，霍耐特是在规范与经验结合的基础上重塑社会正义理论的。

（三）再分配—承认的特殊形式

罗尔斯明确指出，正义的目标就要使得所有的社会价值——自由和机会、收入和财富、自尊等能够实现平等的分配,承认正义也不外乎是对这些内容的追求。人们就是要在相互承认的关系中维护自己的利益,实现自我的价值。今天,"承认"范畴已经成为我们时代的一个关键词,成为政治哲学家们揭示和建构当代文化诉求和政治要求的重要维度。同时,承认与另一个重要的范畴"再分配"交织在一起,即使承认范畴不断崛起并为人们所接受是毋庸置疑的,它与"再分配"的关系依然处于一个低层次理论化的水平。霍耐特拒绝经济主义的观点,反对把承认仅仅简化为分配的一个附庸。相反,"霍耐特将承认构想为基础性的、统摄性的道德范畴,而将分配视为派生物,主张道德基础上的'规范一元论'"①。霍耐特对于"承认——再分配"的论证是在与南茜·弗雷泽的争论中逐渐被证明和明朗化的。

首先,霍耐特认为:正义"产生了从'再分配'概念到'承认'概念的转向"②。"再分配"一词是伴随着福特主义而来的,作为现代工业生产中出现的对现代生活方式的一种描述,再分配标志着现代社会中人与人之间一种生产关系的产生,因此,在福特主义时代分配正义曾是道德哲学和社会斗争的中心。其最基本的含义是对物质财富在不同的利益主体之间进行划分,保证每一个主体都能获得独立自由平等权利,得到正义保障。应该说,二战后很长一段时间,工人和穷人最核心的诉求就是对分配正义的渴望。在这一阶

---

① 南茜·弗雷泽,阿克塞尔·霍耐特:再分配,还是承认?——一个政治哲学的对话[C]. 周穗明,译. 上海:上海人民出版社,2009:2.
② Honneth. Integrity, Disrespect. principle of a Conception of Morality Based on the Theory of Recognition [J]. Political Theory, 1992 (2): 20.

段，冲突的发生首先就是始于对资源的不合理占有和对财富的不公平分配；平等分配的诉求代表了人们对正义的真正理解。平等分配成为二战之后民主福利国家普遍存在的一种规范要求，而对于差异问题的理解也被放置在分配之内来理解。此时，对承认诉求的反思还不是人们亟待解决的问题。但是伴随着后福特主义的到来，由于各种差异的交叉轴心从未如此激烈地政治化，结果是，从再分配向承认的转向发生了改变。"分配不公正须被理解为是社会不敬（错误的承认关系）的制度性表达。"[①] 这样，今天的物质生活问题已变成了一个复合型问题，既是经济问题和政治问题的综合体，同时又是承担着实现公正和自由相统一的现实社会承认问题。主体在获得了经济上的独立和满足后，必然在文化和政治上提出更多的要求。在全球化视野的当今社会文化碰撞加强，传统解释失效，价值趋向多元，政治冲突复杂化，"承认"似乎成为解释这些问题最好的选择。尤其在当下，人们对于政治的、文化的、个人价值实现方面的需求愈发强烈，似乎"再分配"开始从属于"承认"！

其次，在霍耐特的理论架构中，承认概念是一个内容广泛的基本道德范畴，再分配的社会理想就依赖于"为承认而斗争"。今天，我们可以直观看到的是资源的分配不公似乎并没有消失，相反，不论是在国家之间、地区之间还是在国家内部，这种差距还有不断加剧的趋势。并且分配不公的问题与人们为了宗教、民族及性别等为承认而进行的斗争交织在一起。甚至在很长的一段时间里，承认问

[①] Honneth. Recognition and Justice Outline of Plural Theory of Justice [J]. Acta Sociologica, 2004 (10): 358.

题与分配正义问题都将是我们需要面对的核心问题和关注的中心。即使它们之间相互交织，但它们在社会斗争中的地位却发生了变化。再分配与承认的政治分化不断上演，在美国也许比其他地方更超前，它却不独是美国的问题。相反，类似的趋势正在遍及世界的大多数地方，甚至是在社会民主党仍然强大的国家中，都能在不同程度上被观测到。在这些党派中新自由主义潮流的兴起，预示着一种摒弃长期坚持的再分配承诺，同时在承认关系中追求一些相对有限的自由的改革的意愿。因此，就社会发展的核心问题而言，与只关心经济状况的理论取向不同，具有规范内容的社会理论关心的问题是：对自身完整性、荣誉感等的社会伤害描述为不公正感的规范内核。例如对殖民主义集团的社会反抗、妇女的深层抗议史、无产者为自身荣誉需要的承认而斗争，都涉及了承认诉求。在今天，承认概念具有了较分配正义更多的核心意义，这是因为它被视为能够从整体上揭示社会不公正体验的最合适的手段。从这个角度而言，承认居于社会问题的核心位置，而分配问题则降低为亚系统。

霍耐特虽然也同意分配不平等对社会运动的影响，但是在他看来，就当今资本主义社会来说，被压迫和不公正体验的衡量标准在哪里？霍氏将人们在被压迫体验语境中所受到的蔑视伤害视为社会冲突的深层动力。"社会反抗和社会叛乱的动机形成于道德经验语境，而道德经验又源于内心期望的承认遭到破坏。……社会运动的兴起取决于一种集体语义学的存在，这种集体语义学使个人被挫败的经验可能被解释为不仅伤害个体本身、也伤害其他主体集团。……就产生了一种亚文化的解释视界，那种先前被化作碎片和私下处理的蔑视经验在这一视界中就可能成为'为承认而斗争'的集体道德动机。"① 但是，霍耐特看到了，促进文明解放的潜力并不在于人类统治自然的活力，而在于交互性关系的活力，以及在于社会群体为承认而斗争的活力。从这个层次上讲，相较于承认原则来说，分配正义的社会作用是派生性的。

如果说分配正义已经从核心位置降低到非核心问题，从主导作用转变为派生作用，就涉及一个问题，即承认理论和分配理论的适用领域的问题，以及如何区分这些领域的问题。对于分配斗争来说，马克思给予了深刻的解释，称社会不平等的真正原因在于资本与劳动之间的结构性不对称，并且贯穿于社会发展的整个过程。霍耐特认为，马克思的这种解释虽然深刻，但对于资本主义社会形式的分析还是不全面的。他主张分配斗争概念的重构不应该在国家再分配层面，而应该在占支配地位的分配秩序"解合法化"的前国家行为领域。承认对主体能够体验到的社会蔑视或侮辱的表征，它更为合理地归纳了道德冲突的社会理论意图的富有成效的勾画。承认的三个领域的划分，即爱、法权和成就，实现了从个体层面到法权社会到价值领域的描述。据此，霍耐特能够同时考虑当代社会不同类型的具有道德内涵的斗争和冲突。因此，"将涉及个体或群体社会贡献适当评价的分配冲突解释成承认斗争的特殊形式，是很令人信服的"②。

---

① 霍耐特. 为承认而斗争 [M]. 胡继华, 译. 上海：上海人民出版社，2005：170—171.
② Nancy Fraser and Axel Honneth, Redistribution or Recognition? A Political – Philosophical Exchange [C]. New York: Verso Press, 2003: 202.

二、霍耐特承认正义理论的逻辑架构

（一）霍耐特承认正义理论的原则

从《权力批判》到《为承认而斗争》再到《多元正义论纲》，以及《自由的权利》这些论著中，霍耐特从最初对批判理论本身进行批判和反思开始到对承认理论的复兴，以及后来扩展的多元正义构想，他一直以来所复兴、重构、捍卫的承认体系都秉承一个宗旨：通过"对个人身份形成的历史条件的反思"，将社会领域划分为爱、法律和成就三个部门来理解当今的资本主义社会范式。这三个领域的划分恰恰也是霍耐特构建承认正义理论的原则形成和实现过程。这三个过程既是相互关联的，同时又是相对独立的，在逻辑上又是第次演进的。就逻辑演进而言，这三个原则真实地反映了个体从婴儿到独立的社会成员的发展过程，及其参与社会活动和对承认的合法性期待的逻辑进程；就内容而言，这三原则恰当地反映了对应的社会结构中基本利益模式的规范基础；就形式而言，这三种形式是我们今天对政治伦理和社会道德的反映。由此，三个原则——爱、平等、成就——为承认奠定了理论支持，并共同决定了当前社会正义的理念。

霍耐特承认正义的三原则要成为社会理论的基础，不仅要在规范上得以证明，更需要有经验上的支持，即将其合理性与社会生活过程中的经验事件相联系，从而在规范和经验的层面证实三原则的合法性。因此，霍耐特在构建自己的承认理论之初就将资本主义社会在逻辑上划分为三个领域，即私人领域、公共领域、价值领域，与这三个领域对应的是爱、平等及成就三个承认原则。这三个领域

第二章 霍耐特承认正义理论的内在逻辑

不是霍耐特的独创性发明,而是在继承了黑格尔承认理论结构基础上的改善和发挥。这些标准恰恰反映了关注社会秩序的规范意义时的一种价值决定。由此,霍耐特将解释社会冲突的动机描述为受到不公正的体验或者是蔑视,用承认的三原则来作为社会道德和政治伦理的规范基础,从而铺垫出正义构想的道路。

在《为承认而斗争》中,霍耐特秉承了黑格尔的社会承认关系结构,并以米德的社会心理学加以改造。他从人类学的角度,把人类社会分为三个相互独立但又相互联系的阶段,即家庭、社会和价值共同体,相应的是人的情感发展的三个阶段的表现私密关系、法律关系和社会尊重三种承认形式(当然其否定物是蔑视形式)以此来描述主体间关系和社会关系。"在家庭的情感关系中,人类个体是作为有具体需要的存在而被承认的;在法律的形式——认知承认关系中,个体是作为抽象的法人而被承认的;在国家这一具有情绪启蒙意义的承认关系中,个体是作为具体的普遍,即作为特殊的社会化主体而被承认的。"[1] 承认结构的三种形式几乎涵盖了社会生活的各个领域,霍耐特的这种分析是在黑格尔的"社会斗争转型"基础上展开的,从而将"为承认而斗争"归入纯粹的道德范畴,由此来解释社会运动的内在动力因素。结果是出现了这样的境况:"社会生活的再生产要服从于相互承认的律令。"[2] 个体的主体性要求的不断扩大必须要突破社会承认律令的束缚,这样相互承认的规则才能成

---

[1] 阿克赛尔·霍耐特. 为承认而斗争 [M]. 胡继华,译. 曹卫东,校. 上海: 上海世纪出版集团, 2005: 29.

[2] 阿克赛尔·霍耐特. 为承认而斗争 [M]. 胡继华,译. 曹卫东,校. 上海: 上海世纪出版集团, 2005: 100.

为社会生活的规范基础。此时，霍耐特对承认的理解还仅仅局限在一个"自我实现"的逻辑层次上，是一个伦理问题，无法与分配正义相比较。

当我们用《再分配，还是承认？》及《多元正义理论纲要》的视角来审视霍耐特的社会承认关系划分时，就会发现其观点发生了很多微妙的变化。

首先，三种原则逐渐成为霍耐特多元正义理论的核心。彼时，三原则只是霍耐特从黑格尔的承认结构中继承而来的思想内容。此时，霍耐特将爱、平等和成就视为正义理论必须涵盖的重要原则，从而将其上升为社会正义构想的核心规范。这是因为，从经验层面来看，霍氏承认正义三原则总体虽然适用于各个领域，但是在每个领域中，按照主体所维持的社会关系来说又具有相对的优先性。例如，如果关系的形成主要是在私密领域，那么爱的原则具有优先性；如果关系的处理在法权社会中，那么平等原则优先；如果形成合作关系，价值原则占先。由此，我们的生活秩序为情感关心、法律平等和社会尊重来引导。从规范层面来看，这三原则是对历史上自我认同形成的反思及对当代批判理论境遇探讨之下的结果。正义不仅仅是在物质分配上的正义，更是对人的伦理情感上的关怀。因此，在霍耐特看来，当下社会的正义规范中心发生转移，"不是消除不平等，而是避免羞辱或蔑视代表着规范的目标"[1]。

其次，三原则是霍耐特兴趣点转移的契机。霍耐特一开始将三

---

[1] 阿克赛尔·霍耐特. 承认与正义：多元正义理论纲要 [J]. 胡大平，陈良斌，译. 学海，2009 (3)：79—87.

原则理解为承认的形式，以此来描述社会关系结构。人们之间的关系、社会关系的形成都以这三个原则为纽带。但是在经济领域，尤其是谈到物品分配时，则很少涉及这些原则，最多是以间接的方式谈到分配的原则。"爱"、平等原则和成就原则作为社会的承认形式，使得个体获得了情感上的支持、认识上的重视及社会交往中的尊重。承认的三原则，一方面理性地说明了承认形式的适用范围，以及是否合理、是否充分和哪些有待扩展；另一方面展现了承认在三个领域中的相互作用的规范实践模式，这种实践模式是不同于在其他结构上生成的社会关系，它体现了个体强烈的实践自我关系和发展潜能。在这个意义上，发展个体在社会认可维度上的强烈的独特性的机会也在不断提升，即在每一个新展现的相互承认领域，人类主体性的另一方面被显示出来，个人现在可以讲他们自己实际地归属于主体间，个体才能体验他们对于其他人的特殊能力的持久价值。需要、平等、应得就不仅仅是因为和正义研究的经验结果一致而造成的，而是通过对社会运动的历史实践反思得出的结论，即"正义的内容是根据主体之间维持社会关系的各自类别来衡量的"[①]。因此，承认三原则不仅仅局限在社会结构关系中的地位，而应发展为处理社会正义问题的规范核心。霍耐特建构以承认为核心，以个体同一性（爱）、法律平等、社会尊敬为三原则的多元正义理论。

　　后来面对弗雷泽提出的承认是一种文化主义的规约方式而无法涵盖资本主义社会的正义问题的批评时，霍耐特在《再分配，还是

[①] 阿克赛尔·霍耐特. 承认与正义：多元正义理论纲要 [J]. 胡大平，陈良斌，译. 学海，2009（3）：79—87.

承认?》及《多元正义理论纲要》中，将承认领域（爱、法律、成就）、承认形式（情感关怀、法律承认、社会尊重）及承认原则（需要原则、平等原则、贡献原则）进行了详细区分。这种对承认正义原则的细致划分有助于说明主体的活动在对应的领域中是否适当，以及规范的原则是否完满和是否需要扩展。而且由于这种规范性的区分，"凭借每一个新展现的相互承认领域，人类主体性的另一方面被显示出来，个人现在可以将她们自己实际地归属于主体间"①。至此，霍耐特对于承认正义原则的分析是日臻完善的，但是，要想使承认理论在正义理论上获得突破就必须使得承认理论在道德哲学、政治哲学、社会哲学层面获得现实的基础。

(二) 霍耐特承认正义理论的内容

罗尔斯按照康德主义的思路构建了一种正义理论，这个正义理论就是要通过一种理想的制度建构来实现社会基本善的正义分配。这些基本的善包括了权利、自由、机会、收入和财富。霍耐特努力构建一个与罗尔斯的正义论根本不同的正义论。像罗尔斯一样，霍耐特认为，正义的制度必须保证每个人的平等自由。但是，霍耐特又不同于罗尔斯的分配正义理论，在霍耐特看来，正义的制度不仅要能够保证平等的自由，而且要使所有人得到自我实现。这就是保证人能够平等参与社会交流，能够使自己得到他人的承认。在霍耐特看来，"没有一种社会伦理、没有一种社会批判，能够超越现代社

---

① 南茜·弗雷泽，阿克塞尔·霍耐特. 再分配，还是承认？——一个政治哲学的对话[C]. 周穗明，译. 上海：上海人民出版社，2009：109—110.

<<< 第二章 霍耐特承认正义理论的内在逻辑

会两百多年来开辟的将正义观念与自主思想联结在一起的思维视域"①。他把个体自由看成规范正义的基石，个体自由是唯一能够对现代社会秩序发生持久影响的价值。作为正义，就必须要促进和实现所有社会成员的自主和自由。因此，霍耐特的承认正义理论的构建就以自由前提下的承认，以规范性重建来对社会不公正待遇的阐述和批判。

首先，从道德哲学的层面来讲，承认正义理论对于善与恶、道德与伦理何者具有优先性的问题进行了回答。霍耐特的承认概念是人类解放活动的规范目标，他一头连接着社会个体的集体非正义情感经验，另一头连接着追求社会解放的价值诉求。霍耐特把承认作为正义理论的核心要求，因而，他进一步指出了正义原则的"多元性"：在爱的关系中，需要原则具有优先性；在法律塑造的关系中，平等原则具有优先性；而在合作关系中，荣誉原则具有优先性。

在霍耐特看来，家庭、市民社会和国家都在不同层次上建立了一种交往关系。这些交往关系都能够在一定程度上保证人们之间平等的交往关系。家庭成员之间平等的交往关系包含着两个层次的内容，一是家庭成员的个人偏好、愿望、需求等，二是对第一层次的内容进行评价。只有在这两个层次上的塑造、改造和满足才能根本上实现人的自由。因此，在霍耐特那里家庭成员之间的情感关系是正义的第一个领域，"家庭的构想有赖于具体的正义构想"②。家庭

---

① Axel Honneth. *Das Recht der Freihet. GrundriBeiner demokratischen Sittlichkeit* [M]. Berlin：Suhrkamp Verlag，2011：37.
② 阿克赛尔·霍耐特. 从为承认而斗争到多元正义构想——阿克塞尔·霍耐特访谈录 [M]. 谢静，译. 北京：人民出版社，2009：352.

成员之间的平等关系是通过"爱"的媒介来联系的，体现在家庭成员相互给予"情感认可和情感鼓励"，"赋予个体表达需要和表现能力以基本的自信"，能够使其形成"独立性和共生性之间的平衡力"，为家庭成员步入社会做准备，提高内心幸福、促进自身发展。家庭成员这两个层次的自然需求得到承认就实现了"正义"，此时对于家庭关系的处理，霍耐特坚持需要的优先性，坚持爱的优先性。

　　家庭关系之后，权利使人们不仅仅局限于家庭、朋友之间的感情关联，进入一个更大的互动网络，这就是法权社会。如何在社会关系中处理好人与人之间的法律关系就成为人们的首要问题，如何在法权社会实现"正义"就变得更为紧迫了。法律关系反映了交互主体间的关系模型构成了自我意识的前提，每一个人都意识到自己在法律关系中的平等权利和义务，这解释了合法的社会秩序。"法律承认"作为社会"日常交往领域"个体自由的第二种形式，在法律塑造的关系中，为了维护法律的合法性和首要性，平等原则具有优先性。这是因为，法律承认是个体实现自由自主前提，也是维护社会交往秩序的最基本条件。法律承认"给每一个个体平等的机会去实现他或她的个性"[1]，提供了正义概念的参照点。这就是霍耐特所主张的法律承认领域平等原则，体现了社会生活领域的正义要求。个体只有选择法律承认，他才能实现自我与他者作为法律主体互相尊重，才能被当成共同体成员被承认，才能与其他成员一样平等地享有法律规定的权利并承担法律义务，才能受到法律的保护，成为

---

[1] 阿克赛尔·霍耐特. 从为承认而斗争到多元正义构想——阿克塞尔·霍耐特访谈录[M]. 谢静, 译. 北京：人民出版社, 2009：346.

一个独立、自主、自由的法律人，才能和平有序地享受社会生活。

与平等观念同时到来的是个体所获得的社会尊敬和荣誉不再依赖于政治等级而存在，更多取决于在社会组织结构中展现的个人成就，这种成就根据特定群体的共有价值来决定，从而实现人类主体的自我价值。霍耐特强调社会正义的一个重要维度是对个体价值的肯定，人类主体能够"彼此显示出他们的品质对他者生活的意义和贡献"[1]，他们才作为个体化的人相互重视。霍耐特认为共同体中的正义应当是在共同价值目标下，每一个人类主体都要为共同体的价值目标奋斗，共同体也应当为每一个人实现自我价值提供空间，使每个共同体成员都能够彰显其个人独有的特征和能力。这样人类主体可以把自己理解为对社会有价值、有能力的主体，这就为个体发展自身个性特征提供了可能。同时，共同体根据个人对共同体做出不同价值、贡献来给予奖励。

霍耐特通过对个体社会化过程的演绎，把资本主义社会解释为一个制度化承认秩序的形成过程并提出"现代正义理论必须涵盖三个平等的重要原则而且他们都可以被看成是承认的原则"[2]，"如果关系的形成通过爱来形成，那么需要原则优先；如果在法律上形成关系，那么平等原则优先；如果形成合作关系，价值原则占优"。生活在以三种原则为导向的社会中，将是一个充满着关爱、平等和尊重的社会，也就是一个正义的社会。三种不同的社会关系，相对应

---

[1] 阿克赛尔·霍耐特. 为承认而斗争[M]. 胡继华, 译. 曹卫东, 校. 上海：上海世纪出版集团, 2005：127.

[2] 阿克赛尔·霍耐特. 从为承认而斗争到多元正义构想——阿克塞尔·霍耐特访谈录[M]. 谢静, 译. 北京：人民出版社, 2009：340.

家庭、社会、共同体三个不同领域，社会成员通过不同的承认类型来充分了解自己的个性，逐渐融合到社会成员的圈子中，加大获得更强个性的机会，促进人类主体自由的实现。

其次，从政治哲学的层面来讲，承认正义理论涉及了平等与差异，经济斗争与政治认同，社会民主与文化多元主义的关系问题。政治哲学是关于社会政治生活的应然性判断，它所关注的是政治的道德层面。如何使社会政治生活来得正当是政治哲学的核心议题，在最抽象的层次上理解社会政治生活是政治哲学的基本属性。在与弗雷泽的论战中，两位思想家都把正义的矛头指向了平等和差异问题，关涉到的领域从经济斗争蔓延到了政治认同，囊括的论域有社会民主方面的，也有文化多元主义的方面。总体而言，霍耐特的承认正义问题在政治哲学方面直指其核心问题。

在霍耐特那里，政治秩序实际上是一个承认的秩序，不同层次的政治秩序都是承认规范原则的具体体现，无论是按照年龄、学识，还是按照财产等建立起来的政治秩序都是承认原则的实现。虽然不同历史时期的政治秩序可能不是绝对平等的，但是这个秩序的建立就一定是按照承认关系构建的。按照承认关系来建立政治秩序的话，就预设了以自由为基点的逻辑前提，每一个人要获得"未受扭曲的、完整的自我关系"，那么"政治斗争作为内在的为承认斗争通常起源于非正义的经验，也即意味着不完整的自我关系（如果我们进入政治心理学中）或是通过特定种类的情感，这些情感意味着政治承认的现存范畴引起的焦虑，而这些是你必须克服的，这种克服可以描述为非身份化，并且它引向再身份化"。这意味着在霍耐特那里平等实际上不平等，即只要某人的收获与其贡献是对等的，这就是对其贡献的一种承认，这就是公正，但未必是平等的。在《自由的权利》中，他明确表示："我并不把平等视作一个特别重要的概念，相应的，我并不赋予平等以独立的价值。因为，平等只能从个体自由来理解，作为一个现代社会所有成员都平等地拥有自由的概念。任何社会平等的欲求都应与个体自由联系起来才能得到理解。"① 平等的概念在霍耐特这里意味着所有个体都平等地拥有自由。这就又回到了逻辑的起点，平等问题在霍氏这里是自由的逻辑前摄。

霍耐特在与弗雷泽的论战中，更是深入地探寻了经济斗争与政治认同的问题。在现代福利国家中，需要话语已经被制度化为政治话语的主要词汇从而处于政治生活的中心，与关于权力和利益的讨论共存，构成了后期资本主义政治文化的独特标志。霍耐特的将承认当作自我实现的问题，在伦理术语下从受伤害的主体于被破坏的自我认同来理解拒绝承认，因此，不正义就被理解为对主体间性的破坏。承认被置于社会冲突的道德语法，试图用承认来整合再分配斗争与承认斗争。而弗雷泽恰恰相反，她认为后期资本主义社会的权力是多轴心的，所以应该既考虑到多种满足层次，又顾及群体形成的诸种复杂过程。政治领域中的承认主要指赋予或认可某人可以做某事的资格和能力，这是一种基本承认，类似于法律承认。正义不仅仅是承认，还是一种权利。她试图从民间范式和哲学范式两个层面阐述再分配和承认之间的关系，后文我们会详细论述。显而易见，在霍耐特这里正义问题是以承认为核心来整合社会冲突的，平等优先于差异，经济斗争从属于政治认同。

---

① Axel Honneth. Freedom's Right [M]. Cambridge: Polity Press, 2014: 337.

最后，从社会哲学的层面来讲，承认正义理论触及了经济与文化之间的关系、两者之间的差异状态及资本主义社会结构问题。社会哲学本是一个哲学分支学科，是对社会交往、社会关系和（或）社会团体活动的一般规律性的研究。霍耐特在考察社会哲学的传统与现状的基础上，在现代性悖论批判的意义上，认为"在社会哲学中，范式主要关涉有缺陷的或紊乱的社会发展过程的规定和探讨，都应该被理解为'社会病理学'"①。因此，在霍耐特那里社会哲学与"社会病理学"是同一语。他认为社会哲学的"首要任务是对被理解为阻碍社会成员过一种'好的生活'的社会发展过程进行诊断"，"主要关心的是确定和讨论可以被视为畸形发展、紊乱或者'社会病态'的社会发展过程"②。

霍耐特梳理了19世纪社会哲学思想家们的思想，不仅是从宏观的角度分析其形成，而且从微观角度分析不同社会哲学形态之间的异同。他认为，有三个问题需要确认：一是社会病理学的主体是谁，即只有社会主体才能成为患病的主体，而不是社会成员的行为总和；二是病症是什么，社会主体患病之后的病症表现是什么，从症候的机体表现到内在制度损伤都需要搞清楚；三是病因是什么，霍耐特受到自黑格尔以来的有机体思想和帕森斯的结构功能主义的影响，认为社会有多少种职能，就可能存在多少种病态。在他看来，社会主要承担三种职能：在对外功能上，表现为与外界自然进行斗争所

---

① Nancy Fraserund, Axel Honneth. *Umverteilung oder Anerkennung?* [M]. Eine politisch philosophisce Kontroverse, S. 292.
② Axel Honneth. *Pathologies of the Social: The Past and Present of Social Philosophy, in Disrespect: The Normative Foundations of Critical Theory* [M]. Cambridge: Polity Press, 2007: 4.

形成的物质生产方式；在对内功能上，表现为对自然的社会化塑造所形成的价值观念和规范；在调节内部成员的人际关系功能上，表现为对社会成员的相互关系的组织与约束。这三者相互影响、相互调节和相互适应，每一种职能本身出现紊乱，或者这三种职能之间的关系不协调，都会引起社会病态。对这两个问题的回答则反映出社会病理学的目标是人类的自我实现，而思想家的首要工作是对社会病态进行批判性诊断。在这种意义上，社会病理学的关注点不再是道德或者法律架构的规范性修正，而是对好的生活的期盼。

因此，对于霍耐特来说，不正义在社会哲学层面就表现为制度性的安排阻碍了社会成员对于美好生活的追求，包含了与人类幸福密切相关的终极目标。就资本主义社会的结构而言，其制度安排在形而上的层面上，损害了人的完整性，当然，霍耐特并没有深追其中经济动因，相反，他将经济动因归结到道德伦理层面。他从文化方面考虑了社会冲突而忽视了像经济、阶级等其他因素的影响，主要从人类学的角度考虑对人的认同的影响。同样对于资本主义社会结构带来的社会病症的解释也有了这样的倾向，即关注"社会交互行为的伦理维度及一个更引人关注的文化领域的构成作用"[①]，而忽视了利益、物质利益、自我保存和权利政治等方面的因素。因而，承认被无限扩大，还被置于规范性的基础，使得霍氏的承认正义依然不能摆脱传统批判理论的限度，批判的力度大大削弱了。

（三）霍耐特承认正义理论的特点

与先前的正义理论相比，与同时代的正义理论相较，就其内容

[①] Andress Kalyvas. *Critical Theory at the Crossroads*: *Comments on Axel Honneth's Theory of Recognition* [J]. European Journal of Social Theory, 1999 (2): 100.

的深刻分析，霍耐特承认正义理论有着自身鲜明的特点：

第一，霍耐特的承认正义理论着重从规范性的角度来阐述正义原则。正义理论不仅要面对社会经验中的正义要求，还要阐述"正义的基础何为"这个根本性问题。霍耐特与其他思想家不同的地方是，他从被遭冷落的黑格尔法哲学的诠释和重构开始，在《不确定性的痛苦》中，他将黑格尔法哲学诠释与重构为"规范的社会正义论"。霍耐特的重构就是从个体自由这个概念开始，"现代社会的任何一种规范性正义理论，都必定依系于所有主体平等个人自由的原则"[①]。到《自由的权利》中，霍耐特试图将道德主义与伦理主义融合，将规范性研究与经验性研究结合。霍氏认为，在社会所有的伦理价值中，个体自由是唯一能够对现代社会秩序发生持续性影响的价值，个体自由就要求个体自主和自决，个体自我与社会秩序之间形成了一种系统联系。作为正义，必须促进和实现社会成员的自主，社会正义和个体自由内在地联系在一起，个体自由构成了所有规范正义的基石。

为了实现现代个体的成长和满足需要，霍耐特坚持了正义问题的普遍性原则，将正义的经验主义与形而上学相结合。霍耐特复兴了近代以来被遮蔽的黑格尔理论中的承认理论，并结合米德的社会心理学进行了改造，用承认理论作为其正义理论的规范性基础。承认理论涵盖了经济领域、政治领域、文化领域的规范化基础，霍耐特从社会性、道德联系角度以伦理的方式把握社会一体化，用承认

---

① 阿克赛尔·霍耐特. 不确定之痛 [M]. 王晓升，译. 上海：华东师范大学出版社，2016：43.

来作为现代社会正义的唯一的规范性基础。强调正义需求与非正义经验的连接，强调非正义情感对于承认目标的呈现作用，并用承认来规范描述一种"好"的伦理生活状态，在共同体范围内理解认同完整和自我实现要求的意义。

第二，霍耐特的承认正义理论具有动态特性和有效延展性的特点。在《多元正义纲要》中霍耐特指出，社会的个体化进程和社会融合的过程及不断改进的效果意味着：社会整合能力的提高和引导能力的进步及承认正义与其不断内化的过程。在这里承认正义的这种特点恰是由于承认正义的三原则带来的。

霍耐特承认正义的动态性特点表现在两个方面：不仅仅在个人的一体化过程中，而且在个人与社会的融合过程中。霍耐特对三个承认领域的划分，为不同类型的承认确定了范围，并促使社会成员通过不同的承认原则来认识自己的个性，发展自身的潜能，社会成员获得更强个性的机会增加。在发展自身的同时，个体要获得更大的发展空间就必须实现社会化的进程并提高与社会融合的程度，才能使自身的个性得到进一步发展和完善。这一动态的过程是一个过程的两个方面，他们虽不是完全同步的，但却是相互促进的。在这个动态的过程中，人们常常将资本主义社会秩序看成对自由的解放和对道德的发展。并且根据具体的环境对于每一个原则的选择和适用都有所不同而具有一定的随机性和可变性。所以，霍耐特将承认的三原则视为正义的核心是最合适的，它能够非常恰当地说明资本主义秩序下的道德发展和演进。

同时，承认正义还具有"有效性外延"（valid over hang）①的特性，每一个承认原则的规范性都具有一定的拓展性，而承认正义的外延性是由其动态性造成的。由于其道德伦理上的首要位置和缺乏客观有效的衡量标准，因此，承认正义的效力有时并不仅仅局限在自己的领域内，甚至于那些超出自己领域的某些特殊方面诉求都可以适用。承认三原则在各自的领域内，相对应地诉诸特殊的方面（需要、生活状态和贡献），而这些方面在实际的过程中并不是简单地只考虑单一的原则，相反，在不同的领域内各个原则总是相互交织地存在着。因此，这种有效外延性就表现为承认正义自身所具有的规范意义需要在普遍和特殊的相互斗争中来实现和诠释其内在含义。而且对于其他领域的问题来说，经济问题、文化问题在承认这里都可以找到解决的方式和途径，甚至还能为这些问题提供分析缘由的规范性解释。因此，在社会发展问题上，我们必须要谈到道德进步，而承认正义的有效性外延特点则能保证这种动机的调动，并且还有助于引起社会整合力度的提升。正义的这种有效性外延允许个体或者是社会在个体化和社会包容两个维度上的诉求得到进一步的增大，并能进一步考虑到那些尚未显露出来的种种差异和状态。从这个角度看，承认和正义理论能够联系的正是这个有效性外延，从而才能承担起批判的任务。

---

① 阿克赛尔·霍耐特. 从为承认而斗争到多元正义构想——阿克塞尔·霍耐特访谈录[M]. 谢静，译. 北京：人民出版社，2009：340. 在霍耐特的其他著作中，还经常用到"有效性过剩"（surplus of validity）这一概念，有的学者也将其翻译为"正当性盈余"。对于霍耐特的多元正义而言，这几种译法都是在同一意义上的使用。他们都意指正义规范性原则的延展度，表征了社会互动的道德逻辑，也能反映社会变迁过程中的道德进步参数。

另外，承认正义的动态性和有效延展性是相互关联的，这促使承认正义成为人类解放的规范理想，以及现代性批判的基本坐标。没有有效延展性的内在特点，承认正义的动态性也就没有了依托；如果缺乏动态性的外向性，承认正义三原则的有效延展性也就没有了适用领域。他们共同为追求那种善的、好的政治伦理生活而努力，并不断调整各个方面。承认的三原则在调整社会发展的过程中，也是相对稳定的，形成了一个稳定的三角结构。这种稳定的结构能为社会主体带来一种稳定的承认期待，带来心理的稳定性满足，这种承认诉求的满足，同时也推动了社会道德一体化程度的提升和纵深发展。

承认正义的三原则在霍耐特的承认正义中处于重要地位，然而这三个原则却是在围绕承认与再分配的争论中逐渐形成的。因为，随着社会的变迁，正义的内容与规范核心都发生了变化。对于当下社会来说，不论是经济上的富有，还是处于较低收入的人群都在寻找一种心理上的抚慰，都力图在可能的范围和情况下获得应有的承认和尊严。这些心理上的需求，在霍耐特那里，则是通过上述的承认正义三原则将不同领域中的社会成员的心理需求呈现出来，每一位社会成员在爱、权利和团结中获得了极大的心理满足。个体自我的实现在得到社会保障的同时，将个体的经验转换为主体间的特定需要和特殊能力的承认。承认的全面实现就是霍耐特的"好生活"的实现，对蔑视的批判则是他构建正义社会的责任。

三、霍耐特承认正义理论的核心

为了能够充分描述资本主义社会正义理想并推动其实现，霍耐特开始向政治哲学靠拢，他解答"承认"与"再分配"的关系，承认正义的核心原则问题。霍耐特在自己的承认理论基础上，通过时代诊断的方式，对文化承认、尊严、正义与自由等核心问题进行了解释说明。由此，成功地建构了霍氏的多元正义理论。霍耐特将社会划分为三个领域，又用爱、平等、团结作为调节社会关系的主要原则，其目标就是要在当下这个物欲横流的时代，来寻求一种伦理共同体的可能性建构，即如何获得一种善的生活。

（一）承认正义道德诉求

在今天的社会发展中，人们开始更多地关注个人在社会中的作用和个人在社会化过程中个人价值的实现程度。霍耐特秉承黑格尔的时代诊断方式，对社会问题做出了明确的诊断，他认为：当代社会的核心问题不再是经济上的分配问题，而是个人在社会中自我实现和是否得到尊重的问题。今天的物质生活和精神生活，乃至政治生活都不是一个单纯的本领域内的实践，而是一个相互渗透和相互影响的复杂问题。因此，更需要认真思考如何将自由和公正更好地融合在社会秩序中。如何使霍耐特承认理论能在当代"社会斗争"诠释中具有更大的政治实践价值？这正是当代政治哲学努力的方向。

关于承认正义理论的道德诉求问题，霍耐特是从社会诊断这一方法开始的，他继承了黑格尔将法哲学和时代诊断相联系的方法。并对社会现象进行了深刻的分析和透视，得出的结论是：我们要对这个社会进行改造式的治疗，即进行伦理道德上的修复。于是借用黑格尔的自由观念把时代诊断和正义理论连接起来。霍耐特自由是包含着内在和外在两个方面的，他主要强调个体与他人之间的那种互动合作的平等关系，即承认的道德伦理关系。

第二章 霍耐特承认正义理论的内在逻辑

霍耐特认为要让每一个主体都获得自由和平等。但是很多理论家都在无形之中将正义降低为一种分配正义,一种依靠物品的分配就能实现的正义目标。而事实上,通往自由、自主的道路是一条主体间性的道路,只有在与其他人的关系中获得自治和自由,才能更好地实现、创造和维护自己的价值。自由、民主、人权和关怀等范畴都是承认的必备质料。霍耐特非常注重对自由的阐述,因为霍耐特对于社会哲学的两条路径——历史哲学和人类学的态度是有选择的,他贬抑历史哲学而高扬人类学,自由恰恰是承认的内在要求。霍耐特的承认要求的是一种德性生活,德性生活是一种积极的生活态度,因此,他更注重承认的外部自由。而事实上,要想获得真正的自由,这不仅关系到经济、政治上的条件,还有社会的文化环境。尤其是对积极自由而言,文化环境的良性运行和包容性则具有更好的有利条件。这也是当代政治哲学发展的大势。而就民主问题而言,霍耐特非常重视。他详尽地分析了程序主义、共和主义及合作民主模式这三种民主方式。他通过对民主意志形成中的"我们"阐述,描绘了民主公共领域、民主法权国家、政治文化展望的愿景。这样,他关于人权政治理论的设想就逐步清晰。至此,霍耐特一元论为基础的多元正义构想逐渐成熟。承认理论的多元正义构想,不仅能在关联道德进步的承认领域法律保护那里接受批评的任务,而且它总是需要对不同承认领域之间固定界限进行反思性检验。霍氏在这里阐发了自由、民主、平等等问题的看法,力图在后现代的话语背景中重构正义内涵,力图融合自由主义和社群主义,实现当代政治哲学主流趋势的选择。

时代诊断作为一种方法,不仅是作为个体的人在生活中要获得自由的途径，而且还是个体获得一种不断社会化的动力源泉的方法。而这种动力源泉就是来自内心的为了获得尊重与肯定的需求。霍耐特在秩序层面上揭示了社会斗争的存在意义，亦在社会承认关系意义上阐明了社会斗争在现代性社会中的创造功能。因此，人类尊严构成了霍氏正义理论中一个重要原则。为了使那些弱势群体、边缘群体、少数群体不仅在经济和政治上，而且要在文化上获得自信、自尊、自重，他主张构建一个德性的"好生活"。"伦理共同体框架下的对美好生活（好与公正）的无限追求，其中有个体实践也有制度上的伦理规范"①，因此，霍耐特的承认概念将美好生活与正义连接起来，个体社会化的过程既是伦理道德实践的过程，同时也正是在这个一体化的过程中稳定了承认范畴之间的关系。在个人的自我认同形成过程中，对社会整合有着促进作用。所有社会整合仰赖于相互承认的可靠形式，其不充分和不足始终是与错误承认相联系的，这可以依次被视为社会变化的引擎。就此而言，实现了霍耐特对伦理道德的构建。

（二）文化承认及其实质

全球化背景下，各种文化相互碰撞，相互交织，因此，不可避免地要处理有关文化差异和诉求的问题，而且文化在承认正义中的地位如何，以及如何看待文化承认在正义理论建构中的作用和实质，都是值得考虑和不能回避的问题。

在与弗雷泽的争论中，霍耐特对如何在承认理论中安置"文化"

---

① 阿克赛尔·霍耐特. 为承认而斗争［M］. 胡继华, 译. 曹卫东, 校. 上海：上海世纪出版集团，2005：14.

的地位问题产生了很大的兴趣。《再分配，还是承认?》中，霍耐特不仅在经济层面论证了再分配和承认的相互关系，以此来表达对承认的基础地位的确立；而且在文化层面从道德的角度来探讨了经济与文化的关系，以此来论证一元论优于二元论，正义优先于善；更在政治层面对自由、平等、差异等问题进行说明，以此论证了当代政治哲学的主流趋势。在对相互承认领域进行历史区分的基础上，他主要考察相互承认与文化认同关系，并考虑到文化承认作为第四种承认形式的可能性。

对资本主义的分析中，霍耐特与弗雷泽都不约而同地将目光投向了经济、政治和文化在当前的结构改革中的作用，即对于确定社会整合和制度整合之间的关系问题。面对这种理解文化之间差异存在较大的困难，霍耐特就要寻找一种能够很好地说明这一问题的途径，他选择通过考察资本主义社会经济秩序与文化诉求之间的关系来进行论证。霍耐特的这种说明是在两个层面上进行的：第一，从资本主义社会秩序方面进行考察来说明文化在构建一个完整的资本主义社会秩序中的重要作用。在资本主义社会的经济领域中必然包含着对文化制度化的价值需求。主体对承认的正当期待及社会承认的规范性原则总是会反映到主体的社会活动中，必然会在经济活动中打上承认诉求的烙印，甚至会在一定程度上影响经济活动的模式。忽略社会的文化道德秩序的建构，仅从物质关系来分配斗争将不能全面地说明资本主义社会秩序。

第二，文化承认开拓了解释当今社会冲突的视野。首先，在今天，对社会冲突仅从分配角度来理解显然是不充分的，而从承认斗争的角度来诠释则必然伴随着文化性的因素。这是因为，相互承认的原则所主张的需要、诉求、自由等都与主体的文化传统相联系。由于制度化的文化模式不同，人们对于亲密关系、平等关系及共同体中的价值关系的理解都有所差异。从主体的文化角度来分析社会冲突拓展了人们对资本主义社会的认识视野。

其次，就当前资本主义社会的发展情况而言，文化尊重则是一个值得商讨的理论问题，目前的文化冲突能产生一种规范性原则——一个人必须承认另一个人作为文化共同体的成员的平等地位。他（她）的价值观、生活方式、人生观都应该被给予肯定，并且这种肯定对于他们来说是十分必要和有意义的。霍耐特对此做了冷静的思考，今天，"身份政治"成为人们冲突和斗争的主要动因，围绕"身份政治"展开的文化冲突的道德语法，应由法律平等的承认原则所决定①。"身份政治"不仅仅是一种文化上的诉求，更是一种渴望在法律层面上获得认可的一种需求和扩展方式。在资本主义社会中如何恰当地调整经济制度与文化理念之间的关系？霍耐特所给出的路径就是：能够恰当地包容这两个方面的资本主义秩序不仅能在各个领域中实现承认原则与社会秩序的相互融合和联系；还要注意到将文化上的尊重渗透到经济制度的完善中，赋予那些在社会发展中有着重要贡献的人们以相应的文化价值和社会尊重。甚至表面上"匿名的"经济过程也是由种种规范的规则决定的。的确，"解除管制"的术语本身是该事实的直接指示器：劳动市场是由种种法律规范组织起来的，这些规范表达牵涉的那些人的道德兴趣。

---

① Nancy Fraser, Axel Honneth. *Redistribution or Recognition? A Political – Philosophical Exchange* [M]. Trans by Joel Golb, James Ingram and Christiane Wilke London, New York: Verso Press, 2003: 169.

事实上，不论霍耐特的理论中心是再分配还是承认，是经济斗争还是文化冲突，都反映了当代政治的发展趋势，即承认政治的理论繁荣及其理论归属。在承认政治的背后，折射出的是当代社会对正义内涵的新期待和对人文精神的重视，霍耐特的承认正义理论正是迎合了这种发展潮流，从而跻身于当代政治学的前沿，为我们探寻正义增加了新的思路。只要我们坚持一种"文化的"，但是由一种"道德的"一元论指导的必要性；只要我们坚持一种规范实质的社会理论的理念，我们就必定始终试图在开放那种值得追求的进步前景的、制度化的社会领域中，发现各种规范整合的原则。

(三) 尊严的首要地位

如果说在当前的社会条件下，遭受蔑视和侮辱成为人们的道德动机，那么获得尊严则是承认追求的目标，团结原则所生发出来的尊严，在人的发展过程中是居于首要地位的。因为，在今天"尊严"范畴的特质被充分地挖掘出来，全面而又深刻地反映了"自我"与"他者"之间的内在关系，以及"自我意识"对这一辩证关系的依赖。而那种错误的承认或者是伤害则产生的是一种虚假的、扭曲的、贬损的尊严。这种尊严不但能伤害主体自身，而且还能让主体的地位异化为某种霸权或者是强权。

就人的存在而言，人要作为一个完整性的存在，就只有在社会承认关系中才能形成。这是因为，虽然主体能在经济领域获得生产中的确认，体现出自己经济人的价值和意义，然而一个主体的完整性人格的获得需要的是他人、社会团体的肯定和评价。主体间的关系体现着人的实践本性，是对人在伦理和道德层面追求过程中的价值生成。个体认识到自己是作为做出共同贡献的社会群体中的一员，自身价值能够为社会群体所有其他成员所承认。在这里我们设定目前在道德哲学中非常标准的、在尊敬和尊重之间的差别。依照这一差别，尊重（respect）由于所共享的人性被普遍地归结于每一个人；不同的是，尊敬（esteem）是以人的鲜明特性、成就或贡献为基础被有差别地给予。因此，当同等地尊重每一个人的指令是有判断力的时候，同等地尊敬每一个的指令就是一个逆喻。虽然无人拥有绝对意义上的同等的社会尊敬的权利，但每个人都拥有在那种制度化的群体分类的基础上不受蔑视的权利，那个分类破坏他或她作为社会交互作用下的社会关系中完整伙伴的身份。也就是，虽然无人拥有绝对意义上的同等社会尊敬的权利，但每个人都拥有在那种被制度化的群体分类的基础上不受蔑视的权利，那个分类破坏她或他作为社会交互作用中的社会关系中完整伙伴的身份。

就社会共同体而言，实际上在《为承认而斗争》中，霍耐特就指出：在社会中，主体相互承认法律规定的他人的自由活动空间；在共同体中，主体相互尊重使他人成为个体的能力与特质。现在，个体必然享受按照文化程度给予自己成就的社会尊重，不必长期归属于群体而能够积极地返回自身。在《后传统共同体》中，霍耐特指出，如果人们谈到共同体，那么所看到的社会关系总是团结关系。如果现在被问道：什么是相互尊重形式的主体间性前提，那就涉及共同体的核心规定。随着从传统社会向现代社会过渡，共同体的伦理目标就从荣誉转向声誉和威望。在这个理论的门槛上，规范的后传统共同体结构的内在理解就大致被描述为这个观念：每个社会成员通过伦理价值视域的彻底开启而能够承认他们的能力与成就，从而他们能够学会相互尊重。在这个意义上，对等尊重就意味着相互重视其价值。这就意味着，如果没有群体的分化，每个主体就能够有机会把自身能力与成就体验为社会价值。

"尊严"在霍耐特三种承认原则中是最高要求和最高阶段，也是当前人们追求的高级阶段。对于当前各个群体的人们，甚至国家和群体之间，也都在为获得同等的尊重而努力，甚至可以视为当前斗争的动力。所以，尊严在承认正义的结构中是处于首要地位的，并对社会的变化发展产生着一种动力作用。

（四）好生活的伦理追求

在今天，人类生活世界中的正义问题，不仅仅是分配上的正义，还有政治道德上获得的正义、文化上的平等对待，以及如何能在经济正义的基础上跨越差异性的鸿沟达至普遍共识的问题。因此，人与人之间、群体间、国家间如何共享经济繁荣、平等承认、多样共存、发展自身等问题则成为当代哲学尤其是政治哲学的主题。霍耐特构建的承认正义是怎样面对这些时代问题，在承认正义指引下的社会生活究竟是一种怎样的生活，承认正义在社会生活又能起到怎样的作用，承认正义又如何实现正义理论与社会批判之间的对接？都值得我们进一步的深思和探讨。

霍耐特明确提出，"只要你不能精确地理解什么是承认，就不会清楚地理解什么是正义"[1]，从而将承认概念与正义理论联系起来。在他看来，"正义理论，必须被包含在进步概念的包含性框架之内，

---

[1] Gwynn Markle. *From Struggles for Recognition to a Plural Concept of Justice*: *An Interview with Axel Honneth* [J]. Acta Sociologica, December, 2004, 47 (4): 384.

它能够决定社会道德建构中的定向发展"①。正是在对这个社会道德建构中,霍耐特勾勒出了社会生活描述的景象,即一种"好生活"。作为独立个体的社会所有成员,在承认的三个领域内按照相关的承认原则在社会化过程中发展他们的个性,从而"成为一个人,并尊重他人为人"。在这个过程中,承认得以完整地实现,这一过程也是"好生活"的实现过程。同时,适合社会发展的道德秩序在主体间的相互承认的交往关系中逐渐形成。霍耐特承认正义与"好生活"的伦理目标想结合,实现了政治哲学的转向。因此,承认正义既是调节人们社会关系的准则,同时又是实现"好生活"的路径。

  从霍耐特的理论起点和归宿来看,批判理论和正义理论是一样的,他们都是对现实的反思和超越,如果没有对未来社会的"好生活"的期待,那么反思和批判的力度就不能达至可能的深度和广度,那么"承认正义"又是如何实现了与批判理论的结合?霍耐特通过精准的社会分析和时代诊断,构建了承认理论实现了批判理论的政治伦理转向,对当前的批判理论实现了超越。对于"好生活"的社会理想的追求则将正义理论和社会批判理论紧密结合起来。这里,霍耐特理论中的"自由"是在"好生活"境遇中的个体自我实现和体验;"尊严"是在"好生活"社会中人的发展的完整性的美好描述。由此,承认正义借助于"好的生活"来表达自己的正义原则和目标,进而架设了多元正义理论与批判理论之间的桥梁。霍耐特又将"人性向荣"(human flourishing)范畴视为自己承认正义的一个

---

① 南茜·弗雷泽,阿克塞尔·霍耐特. 再分配,还是承认?——一个政治哲学的对话[C]. 周穗明,译. 上海:上海人民出版社,2009:40.

重要基础，"人性向荣概念的基本成分是一种完整性认同"①。鉴于此，霍耐特将正义视为一种能为人们获得"好生活"的秩序，而且这一秩序对于每一领域都有自己的原则，一般而言，爱、平等、社会尊重几乎囊括了社会正义的所有方面，而且这三种正义诉求都恰当地表达了人类社会对承认诉求的具体内容。承认诉求的全面实现完成了人的完整性构建，即一个主体从个体到法权社会到价值要求的全部要求，在技术设置上完成了对通向美好生活的途径和手段的证明。承认正义就是要在相互承认关系中创造自己的机制、实现自己的价值、维护自己的尊严，从而保障每一位社会成员充分享有独立自由平等的权利，且都能过上"好生活"。

至此，霍耐特摒弃了近代唯经济主义的分配主义框架，他的承认概念认可和包容文化多样性，他的正义诉求植根于表达、诉说、解释、沟通的社会模式中。他将一元道德基础和多元正义构想融合起来，将起点和目标贯通起来；将诉求和社会实践结合起来，旨在反思社会不公正现象，构建和谐的社会理论，付诸平等自由的正义秩序。

---

① Gwynn Markle. *From Struggles for Recognition to a Plural Concept of Justice: An Interview with Axel Honneth* [J]. Acta Sociologica, December, 2004, 47 (4): 224. 在这里，霍耐特在好的生活维度来理解承认问题，而剥夺某人的被承认权就是剥夺他（她）追求人性繁荣的前提条件。泰勒也表达了同样的思想，他认为承认是人的基本需求。可见泰勒与霍耐特将承认与好的生活实现相连，解释了承认的伦理目标。而弗雷泽不同，他将承认与公正相连，从"参与性平等"可以将错误的承认理解为是剥夺了社会主体作为完全平等伙伴的地位。

第三章

弗雷泽复合正义对承认正义的挑战

霍耐特承认理论的兴起，引起了人们的高度关注，其中以美国著名女权主义理论家、社会批判理论家南茜·弗雷泽最为突出。这场学术论争以弗雷泽对霍耐特的质疑——弗雷泽的特纳演讲——开始，而霍耐特迅速做出申辩，由此两人唇枪舌剑，日趋激烈。从1992年弗雷泽批评霍耐特的《为承认而斗争》这一专著的主要思想开始，以及1995年弗雷泽发表《从再分配到承认?》就到已经开始了对承认理论的批评。他们的争论在西方左派思想界引发了一场事关解放政治学未来的重要争论。并持续了十几年，他们出版于2003年的文集《再分配还是承认：一个政治哲学对话》全面展示了两位学者的观点和焦点问题。两位学者的争论不仅拓展了各自的争论范围，更重要的是推动着承认正义理论不断发展成熟。

在这场争论中，弗雷泽的理论观点在其专著《正义的中断——对"后社会主义"状况的批判性反思》，以及论文集《正义的尺度——全球化世界中政治空间的在认识》中逐渐表明并形成了自己的理论框架。她对当前社会发展形势的分析得出的诊断结果是：全球化时代，世界各国的冲突和斗争形式变得更加多样化和复杂化，并且各种问题相互交织在一起。也表现为两个主要的方面,一是经济领域内的分配斗争仍在继续并不断深化,另外是受蔑视群体对于价值和身份地位等展开的文化斗争。这些斗争以各种形式出现,诸如种族战争、女权主义的运动、生态斗争等都可以看到这两方面的诉求。对此,弗雷泽提出了一个再分配与承认的"视角二元论"[①]解决方案,反对霍耐特将正义问题归结为道德一元论,把复杂的社会问题降低为道德伦理上的心理学范畴,用承认一种维度解释资本主义社会的秩序。同时,弗雷泽的社会正义理论又是一个动态的不断改进的开放性结构。就此而言,弗雷泽提出了以"参与平等"(Participatory Parity)为核心原则的理论视角,构建了一个三维正义观,即跨越了资源分配、文化承认及政治代表权的复合正义理论。弗雷泽和霍耐特对同一社会问题进行关注,并且理论观点也有相似之处,然而在理论目标上是完全不同的。弗雷泽的理论一开始就将批判的矛头指向霍耐特承认理论中的正义思想,她将社会正义与公正相连,断言自希腊一直到她之前的正义理论都是规范的正义,她却努力建构一种多元式的正义理论模式。

一、弗雷泽正义理论的时代诊断

如果说霍耐特的承认理论是对新的社会历史现实的反映和对批

[①] 就所谓"视角二元论"而言,弗雷泽认为,必须做两点澄清:第一,它有别于任何形式的一元论,不论这种一元论是经济主义还是文化主义;第二,它又有别于任何形式的"实质二元论",即把承认与再分配理解为两个独立的实体性的社会领域的观点。"视角二元论"在弗雷泽的社会正义论中实际上是一种社会诊断和批判的逻辑,他要求在社会现象的研究中,既要考虑经济的因素,也要考虑文化的影响,把它们理解为不相干的。

判理论的新发展,那么,弗雷泽的政治哲学构想则是在这一理论方向上的推进、演化和应用。如果说批判理论的学术旨趣向来是产生于社会现实本身,那么弗雷泽对霍耐特的质疑和论战及对"再分配"与"承认"的阐述亦是对当前世界上已经发生和正在发生的各种斗争和冲突深刻考察,以及对后社会主义所面临的各种问题的深刻反思。弗雷泽对当下的社会现实进行了自己的时代诊断,得出的诊断结论是:我们正处于一个"后社会主义时代"。由此,弗雷泽将"再分配—承认"作为她和霍耐特论战的焦点,以此问题的解决进而来表明自己理论的指向和旨趣。

(一) 再分配—承认的难题

弗雷泽通过论战的形式直接切入对霍耐特的承认理论的分析中,并将论战的矛头直指霍氏承认理论中所内含的正义思想。弗雷泽对承认正义的介入是直接从对霍耐特的"再分配—承认"模型的质疑开始的。弗雷泽对"再分配"和"承认"两个概念进行区分。"再分配"和"承认"本是两个来自不同传统的哲学范畴:"再分配"来自自由主义传统,尤其是20世纪后期的英美分支,经由罗尔斯和德沃金充实,丰富和扩展;"承认"则来自黑格尔哲学,特别是精神现象学,通常被视为"伦理学"。因此,在哲学上,这对哲学范畴中一个通常为另一个的倡导者所拒绝。但是,弗雷泽认为要暂时搁置这些争论,改从他们的政治背景思考"再分配"和"承认",换言之,弗雷泽将它们看作当前在公共领域抗争的理想范型的诉求群体,走向了"正义的民间范式（folk paradigms of justice）"①。"作为民间范式，再分配和承认常常与特殊的社会运动相连。"②

即使弗雷泽将承认与再分配作为正义的两个方面，面对现实问题的时候，则会陷入新的困境——弗雷泽和霍耐特都需要面对的"再分配—承认"矛盾悖反中，即再分配的正义要求是在经济领域尤其是在生产过程中对劳动者的特殊性的消除；而承认的正义则主张在文化领域和价值取向上凸显群体的个别性。这一困境的焦点就在于：在理论上，再分配政治学和承认政治学之间是相互排斥、相互否定之中，而且各自的矫正方案是不相容的；在现实中，再分配和承认是相互交织在一起的，体现的是社会正义的不同层面的诉求，对我们都是重要和不可或缺的要求。

这一困境在女性群体的劳动分工上表现得最为突出和明显，她们处于几种不正义共同抑制的状态：在经济领域遭受了分工及分配不公的待遇，在文化生活中一直处于不被重视甚至不被承认的蔑视。就再分配角度而言，女性群体面临着有酬劳动和无酬劳动的划分，同时还有行业内薪酬高低的限制。例如，家务劳动通常被认为是女性应该做的工作，而且是没薪酬的，男性理所当然被分派那些生产性并有着极高报酬的劳动；即使是在同一个行业里，女性的薪资待遇也往往低于男性，甚至女性从事的工作被认为是从属性的。这样，要消除以性别为依据的不合理的劳动分工，即对分配不正义的性别

---

① 南茜·弗雷泽，阿克塞尔·霍耐特. 再分配，还是承认？——一个政治哲学的对话[C]. 周穗明, 译. 上海：上海人民出版社，2009：8.
② 南茜·弗雷泽，阿克塞尔·霍耐特. 再分配，还是承认？——一个政治哲学的对话[C]. 周穗明, 译. 上海：上海人民出版社，2009：9.

矫正；而就承认视角看，这是男性权威在社会规范的确立，对女性的贬损所造成的，一直以来女性被边缘化、附属化、得不到合法权利和平等保护，拒绝赋予她们完整的权利。对这一不正义的矫正，不能只是单纯地进行经济上的补偿，而且需要特殊的承认修补，重塑社会的规范基础。

通过对这些特殊群体现实境况的分析及理论上的考量，弗雷泽提出了"再分配—承认"难题：就再分配而言，要想达到公正的待遇，矫正方式就要消除群体差异，实现经济上的平等；就承认而言，要想追求多元共存，矫正方式就是要固化群体差异，尊重多样性。这两者之间的矛盾就是"再分配—承认"的难题。面对这一难题，我们该如何找到一个平衡点来解决？问题的解决不能单方面的依赖再分配或者是承认某一方面，而需要这两个方面的协同合作。弗雷泽认为，对于这一难题的解决，我们不能将两个问题隔离开来对待，而应该将其置于同一个框架中来看待，他们的解决方案也并不是非此即彼的，相反，而是应该形成相互补充和促进的关系。承认政治也并非是否定或者忽略分配和再分配的政治，它也仅仅是普遍主义的正义内涵的一个方面。但是，霍耐特认为：弗雷泽方案的缺陷就在于将文化承认与经济分配置于同等重要的位置，从而陷入了一种二元论的困境。它没有真正认识到承认作为社会规范基础在解释社会冲突时所具有的相对独立性，没有看到规范理论与社会分析之间的桥梁。

弗雷泽不同意霍耐特将当代政治中凸显出来的"承认"视为能够解释社会冲突唯一的原因，也不赞同简单地就将再分配和承认两者放置在相互对立的位置上。相反，在现代社会中经济性不平等和政治文化其他方面的不平等是并存的，甚至经济不平等的深化带来更多的社会问题和不平等。人们正在遭遇的不公正待遇也更加多重化和复杂化。再分配正义的核心地位并没有被撼动。

（二）弗雷泽的后社会主义时代诊断

在弗雷泽的眼中，一直以来，经济领域的再分配斗争都是正义诉求的核心内容，甚至在今天也没有改变。但是，今天的分配斗争受到了各种冲击，其中以承认政治的冲击最为突出。随着生产力的极大发展，物质产品的愈发丰富，人们对于文化层面的要求和享受则需要不断提升。关于种族的、民族的、性别的等少数群体的诉求引起了人们的更多关注。在这样的历史境遇中，全球化加剧了国家、地区、民族之间的经济差距，关于资源、收入的分配斗争依然具有重要地位；但是，经济一体化的过程导致的文化碰撞，政治冲突，价值两难日益成为备受关注的焦点问题，"为承认而斗争"业已成为当今社会的最新走向。弗雷泽作为当今美国左派的重要人物，她满怀重振左翼理论的情怀，力图恢复左翼传统。弗雷泽重振计划就是从对社会现实进行重新诊断开始的。

一直以来，以罗尔斯为首的政治理论家们常常将正义问题虚拟在一个无知之幕之中，而与人的文化心理相关的需求是可以通过商品的分配来完成，正义问题降低为分配问题。然而，在弗雷泽看来这种分配正义的诊断方式并不能彻底地反映社会正义的不同面向。自20世纪90年代以来，世界上的斗争表现为一种文化上的群体的斗争和融合，争取承认的冲突和斗争成为典型的政治形式。在这些冲突中，"群体身份取代阶级利益成为政治动员的主要媒介，文化统治取代剥削成为基本的非正义"①。对弗雷泽来说这种承认正义和分配正义地位的转变是重要的时代要求,因此,她将这种变化称为人类社会进入"后社会主义时代"②。

随着冷战秩序的崩溃,美国霸权受到各方质疑,政治文化中出现了划时代的挑战,因此,弗雷泽用"后社会主义时代"(post-socialist'age)来指称。在"社会主义时代",社会斗争的焦点集中在经济上,主要任务也是以矫正经济方面的不正义,人们集中实现分配上的正义,表现形式就是风起云涌的阶级斗争;在"后社会主义时代",社会冲突的主体不再是那些被标记为"阶级"的人,而是被文化界定为"群体"或"价值共同体"的人们,其目标则转移到捍卫独特性的"承认斗争"。于是,弗雷泽将后社会主义时代的特征归纳为以下几个特点:第一,阶级斗争不再是社会斗争的中心,呈去中心化趋势;第二,分配不再是社会正义维度的核心,呈失核心态势;第三,领土国家正义观不完全适用,呈边缘化走向;第四,对"理想"社会追求破碎化进行,呈多元化方式。在这样的时代,"分配不公并未消失。相反,经济不平等正在增长"③。"后社会主义时代"再分配斗争并没有失去原有的基础性地位,在正义斗争中伦理维度的增加使得正义斗争的难度和复杂度提高。同时,在当下的社会中承认与分配问题之间的关系也变得更加复杂,他们总是以相

---

① 南茜·弗雷泽. 正义的中断——对"后社会主义"状况的批判性反思 [M]. 于海青,译. 周穗明,校. 上海:上海人民出版社,2009:13.
② 南茜·弗雷泽. 正义的中断——对"后社会主义"状况的批判性反思 [M]. 于海青,译. 周穗明,校. 上海:上海人民出版社,2009:1.
③ 南茜·弗雷泽,阿克塞尔·霍耐特. 再分配,还是承认?——一个政治哲学的对话 [C]. 周穗明,译. 上海:上海人民出版社,2009:2.

互交织的方式存在着,例如:弱势白领,是指大部分白领也认为自己是弱势群体的现象。这种"弱势"并不是指"经济弱势",而是基于身份地位、社会公平正义的"生存状态弱势"。收入差距加大导致的被剥夺感,社会竞争中的不公平感,面对权力寻租的无助感,交织成了全社会的"弱势心理"。结果导致承认与再分配两者在目前的相关,甚至是所有人群中纠缠在一起。因此,弗雷泽认为只有将再分配和承认放在一起来讨论,才能更好地阐释社会冲突和斗争的原因。也只有说明了这两个方面才能更好地弄清社会正义的核心问题,因为再分配和承认恰恰涵盖了现代社会中非正义的不同领域。

由此,弗雷泽的理论任务就是要发展一种公正的概念,这一概念能够容纳经济维度上的再分配的公平,同时又能包含文化维度上的承认平等。社会不正义的改变需要经济矫正与文化矫正的协力合作,就再分配来说,我们需要调整好分配与再分配之间的关系问题,重构劳动分工和收入分配,消除性别和种族在社会经济中的特定意义,从而寻求更公正的资源和财富分配方式;就批判理论而言,我们就必须要"提出一种批判的承认理论,一个能够识别并保护那些能够与平等的社会政治有机结合的差异的文化政治的版本的承认理论"[1],从而使遭到蔑视人们的价值得到保护。

二、弗雷泽正义理论的视角二元论

整合再分配和承认并非易事,任何试图解决此课题的想法就会

---

[1] Nancy Fraser. *From Redistribution to Recognition? Dilemmas of Justice in a "Post-Socialist Age"* [J]. New Left Review, 1995 (212): 69.

立即陷入艰深的哲学关系之中。如何解决这一难题成为弗雷泽的重要任务，但是解决的突破口在哪里是其面对的首要问题。因此，弗雷泽首先对"承认"这一概念进行了明确地说明，并对问题论证提出了一个清晰的研究路径。这些理论上的准备既是必需的，同时也是必要的。为了矫正她评价为承认诉求从再分配诉求的最新脱节，弗雷泽提出了"二维的"正义概念，它包含两个类型的诉求，没有把任一类型简化为另一类型。并把这一概念和资本主义理论相连接，说明只有一个整合分配和承认这两个分析上截然不同的观点的框架，能够理解当代社会阶级不平等和身份等级制的重叠。结果却表明，分配不公与错误承认纠缠在一起，但是不可能被简化为后者。从而完成了自己对"后社会主义时代"问题的解决方案的初步设想。

（一）承认视角的转变

对于霍耐特来说，从一开始就对社会哲学的两条路径——历史哲学和人类学——进行区分。他主张从主体间性的角度进行研究，继承哈贝马斯的思想，从而贬抑历史哲学而高扬人类学。所以，他从人的心理动因入手，结合个体社会化过程，强调行为者的内部因素来研究"承认"，理解为自我认同和实现问题。在他看来，一个适当"适应个别差异的"承认陈述在一个批判理论中是所必需的一切。不存在对于被定向到分配不公和全球化资本主义的经济逻辑的第二个范畴轴心的需要，承认概念具有独一无二的支配作用。

弗雷泽所使用的承认与霍耐特是不同的，其把承认设想为一个正义问题，即"一个社会的价值模式和文化秩序是否让所有的人都

第三章 弗雷泽复合正义对承认正义的挑战

能以平等人的身份公平参与社会生活的问题"①。因此，弗雷泽的"承认"范畴是一个单一维度的概念，若是失去经济领域的支撑也只能是在文化、心理道德层面进行不痛不痒的批判而沦为文化批判工具。对"承认"的强调会导致文化政治上的具体化，即承认需要被从一个同一性的角度得到某个共同体或者是群体的认同。承认所认为的同一性政治最终会导致不同团体之间的间隙和一种压迫性的共同体主义。在这个意义上，承认对于弗雷泽来说是社会正义的一个重要但又有局限的维度，是资本主义社会秩序中的一个综合性因素，但也不过是市场秩序下的综合体的一个方面而已。

此外，弗雷泽对霍耐特的承认模型进行了分析，认为霍耐特的承认是依据"身份模式"而展开，身份通过相互承认的过程，在对话中被建构，社会运动的实践过程就是主体的承认与被承认过程。在这种对话过程中，一方面，一个人的主体性被确认下来；另一方面，也是一个主体的自我实现的过程。同时，如果承认得不到实现即被蔑视或错误承认，那么个人的自我实现也将无法完成。这种模式，在很大程度上，对经济不平等的主体保持沉默，把错误承认当作自由流动的文化伤害。因此，弗雷泽认为：承认的身份模式具有严重的缺陷，既有理论上的不足，又存在政治上的问题。把承认政治等同于身份政治，并在这样做的过程中，鼓励群体身份的具体化和替代的再分配政治。这样，霍耐特的身份模式就有着两方面的问题，一是，在理论上容易导致对社会非正义问题解释的单一性，往

---

① 南茜·弗雷泽，阿克塞尔·霍耐特. 再分配，还是承认？——一个政治哲学的对话[C]. 周穗明，译. 上海：上海人民出版社，2009：23.

往会忽略经济结构的非正义;二是,在具体的实践中,承认理论的"身份模式"会带来一些实际障碍,也就是弗雷泽所说的"物化"问题和"替代"问题。此外,还会带来一个问题就是国家框架在经济一体化过程中去中心化,从而加剧不平等现象,形成错误建构问题。这些问题都是非常严重的,引起一个包容性的政治框架中整合再分配和承认的计划落空。

因此,弗雷泽提出了另一种路径:用"地位模式"代替"身份模式"来看待承认。所谓"地位模式"是指社会成员受到错误承认的原因不是其身份受到蔑视,而是在社会制度安排上阻断了个体作为社会成员参与社会活动的路径,将其推至到附属性地位。就这个角度来说,在弗雷泽的建构中保持个体在社会活动中相互作用的伙伴关系要比凸显个体的特殊性要来的重要和关键。与身份模式不同,地位模式并不必然把特权赋予固化群体特殊性的方案,相反,它在理论上考虑到了普遍主义的承认与结构的承认,以及肯定的差异承认。此外,在地位模式中,承认政治并没有止于身份,而是寻求对制度化伤害的制度化矫正。这种承认政治关注于文化的社会根源,将社会制度的重新调整和安排来促进社会活动中平等、民主条件的推进,从而引导新的价值模式,克服从属性地位。所以,承认和分配一样都是批判理论结构中的一个同样重要范畴,由此,弗雷泽坚持将自己的批判模式为"再分配和承认的'视角二元论'框架作为对霍耐特的一元论的替代"[1]。

---

[1] 南茜·弗雷泽,阿克塞尔·霍耐特. 再分配,还是承认?——一个政治哲学的对话[C]. 周穗明,译. 上海:上海人民出版社,2009:151.

(二) 二元论的研究视角

弗雷泽将承认问题视为一个正义问题,并对承认的研究切入点进行了描述。但是包含了再分配和承认两个方面的正义理论的理论是否能标准化,再分配和承认到底哪一个是正义问题的根源?如何理解分配正义的矫正和承认正义的方案之间的关系?都是弗雷泽必须要解决的问题。在对"再分配—承认"问题提出质疑和分析的过程中,其实弗雷泽的二元论视角已经跃然纸上。通过建构二维的正义概念,来矫正承认诉求和再分配的时代难题。

1. 视角二元论

霍耐特把承认秩序内化到正义问题中,而没有将错误承认视为一种禁锢人的压制形式。把承认视为特定团体文化身份。错误承认包含了主流文化对这种身份的轻视及随之而来的对团体成员自我确认感的损害,矫正此损害意味着要求承认。弗雷泽理论架构的核心是对分配不正义与承认正义进行规范性区分,将两者放置在同样高度和重要的程度来理解。错误承认在形式上表现为个体的文化特殊性、价值取向及思想独立性被他人贬损、歧视和消弭,而本质上却是对个体的主体地位的否定,剥夺他们以社会成员的身份来参加社会生活。造成这一局面的不仅仅是经济问题,更关键的是通过制度化的途径,诸如法律、行政规定、文化制度等,将不是主流的文化和价值形态限制在社会活动之外,阻碍他们以正式的伙伴角色平等参与。

如何解决这一问题呢?是在两者之间做出非此即彼的选择,还是将两者结合起来,抑或是发展一种能够协调这两方面的整合方式。然而,在弗雷泽看来,经济和文化的对立只不过是为了掩饰资产阶级本质的幌子。在这个复杂的时代里，社会问题向着更加复杂、更加多样、相互渗透的方向发展，试图从一种单一视角来解释社会问题的方式已经落伍和不可行。因此，弗雷泽提出了再分配与承认结合的"视角二元论"模式。她反对霍耐特那种唯一的建构方案，提出了相反的意见："批判理论是多中心的和多样化的，并应该从当代的政治文化学习中保持它的批判独立性"①。

　　社会批判理论要实现对社会生活的真正批判，就要在经济生活和文化生活两个方面进行反思。再分配和承认本身就是根据社会问题的不同而提出的不同视角，从这两个方面出发对社会问题进行分析和批判，有利于我们全面地认识问题的本质。这种二维性的批判视角，保持着理论和实践两重维度上的"二维性"。在理论上，二维性表现在承认和再分配是可以从不同的角度进行说明和分析的，但是对于它们的分析又可以相互联系起来加以说明。并且弗雷泽将它们都归置在参与平等这一规范基础之上。这一研究视角，对于性别问题的分析就转换为一个"二维"的社会问题的分析，也弥合了再分配和承认在实际运用中所出现的鸿沟和断裂。而且，"'视角二元论'允许我们将两种从属关系的秩序（阶级与身份）之间的复杂关系理论化，立即掌握在它们在概念上不可简化性、经验的分歧和实践的纠缠"②。

　　在弗雷泽的概念里，错误承认是一种制度化了的社会关系，而

---

① 南茜·弗雷泽，阿克塞尔·霍耐特. 再分配，还是承认？——一个政治哲学的对话 [C]. 周穗明，译. 上海：上海人民出版社，2009：159.
② 南茜·弗雷泽，阿克塞尔·霍耐特. 再分配，还是承认？——一个政治哲学的对话 [C]. 周穗明，译. 上海：上海人民出版社，2009：50.

第三章 弗雷泽复合正义对承认正义的挑战

不是一种心理状态。本质上，地位的伤害在理论上的表现在于：在概念上不能还原为分配不公，尽管前者可能跟随后者。错误承认是否转化为分配不公，或反之，都取决于所讨论的社会形态的性质。目前，单纯依靠一种模式来解释当前的社会现实似乎无法全面反映社会问题。就资本主义社会而言，将承认政治与分配政治结合起来，才能更合理地剖析资本主义社会中的多元局面。所以，将再分配和承认作为正义问题的两个方面放置在参与平等这一规范结构内成为可能，在这一前提下构建一种能够涉及并能平衡正义各因素的整合框架。

2. 整合及矫正方案

弗雷泽的"视角二元论"的分析方法能有效地整合现实生活中再分配与承认的断裂问题。"再分配—承认"难题的解决方案具体来说就是，跨界的不公正问题的整合与矫正，即弗雷泽分别称之为"肯定的方案"与"改造的方案"的两种方法。尽管这两种方法的区分是相对的，但却具有一定的可行性。所谓的肯定性矫正，是指"在不破坏形成社会安排的基本框架的情况下，旨在纠正社会安排不公平结果的矫正"[1]。相反，所谓的改造性矫正，是指"在通过重构基本的生成性框架来纠正不公平结果的矫正"[2]。对于弗雷泽来说，这两种方法的关键之处在于他们不是渐进性变革与启示性变革的比较，而是对最终的结果和产生这些结果的过程的比较。这种"肯定"和"改造"整合方案具体来说就是，一方面，我们对植根于经济的

---

[1] 南茜·弗雷泽. 正义的中断——对"后社会主义"状况的批判性反思[M]. 于海青，译. 周穗明，校. 上海：上海人民出版社，2009：26.
[2] 同上.

阶级分配正义之肯定性和改造性矫正的不同影响做出了分析；另一方面，我们也对植根于文化的群体身份关系的承认非正义之肯定性和改造性矫正的不同影响进行了分析。结果，肯定性矫正往往会促进群体差异，而改造性矫正则往往破坏或模糊群体差异。那么对于那些同时遭受这两种类型非正义的群体而言，在同时寻求再分配和承认时，什么样的矫正组合最能够使产生的相互干扰最小化？之前的分析应该说是为方案的修正指明了方向。

为此，弗雷泽设计了一个四单元的矩阵图。在这个矩阵图里，弗雷泽将她一直在思考的承认和再分配，以及对于二者难题解决路径的思考都涉及了。正如下表①中所列。在矩阵图中，弗雷泽为我们提供战胜"再分配—承认"问题上进退两难矛盾前景的矫正方案。她试图从不同角度对社会改革提出方案，试图从众多的倾向中做出有价值的选择，从而整合到马克思主义批判理论中最具洞察力的观点之中。

	肯定	改造
再分配	自由福利国家 现存商品在现存群体中的表面性再分配；支持群体差异；能够产生错误承认	社会主义 生产关系的深层重构；模糊群体差异；能够有助于矫正某些错误承认
承认	主流文化多元主义 对现存认同的尊重在现存群体间的表面性再分配；支持群体差异	解构 承认关系的深层次重构；破坏群体差异

这一矩阵认为主流的文化多元主义类似于文化上的自由福利国

---

① 南茜·弗雷泽. 正义的中断——对"后社会主义"状况的批判性反思 [M]. 于海青, 译. 周穗明, 校. 上海：上海人民出版社, 2009：26.30.

家，而认为解构则类似于文化上的社会主义。这就为我们能够对各种矫正战略的相容性做一些初步判断提供了依据。但是，肯定的矫正方案不能产生良好的效果，相反，弗雷泽认为只有改造的方案才能同时纠正再分配与承认的不正义。并且二者的结合基本上涵盖了当前所有反对不正义的斗争，但是这一方案就完全解决了人们面对的各种不正义问题，在变革策略中就不存在一些难题吗？这也成为弗雷泽不断思考的问题。

（三）三维模型的构建

弗雷泽提出她的正义"视角二元论"整合框架之后，许多学者，如泰德·孔迪查科、凯文·奥尔森都予以质疑。在同各位学者争论过程中，弗雷泽调整了研究思路，把社会生活分成经济、文化和政治三个领域，把政治维度也纳入体系中来，从而将自己的正义理论发展为再分配、承认和代表权各执一方的三维正义理论。弗雷泽的理论建构及其解决方案的提出不是一个静态的过程，而是在动态的变化中逐渐完成的。"在威斯斯特伐利亚假设中，正义的主体仅仅是被领土化的公民集合体的伙伴成员。"① 因此，弗雷泽思考问题框架的策略也发生了变化，认为：经济和文化两个视角无法全景展示社会具体情况，这个方案也不能涵盖所有的问题。所以，弗雷泽调整思路，将参与平等的民主思想作为规范基础，重视代表权问题所涉及政治领域，架构起"一元三维"的民主正义理论。只有这样的正义理论才能为各种正义诉求提供规范基础。

---

① 南茜·弗雷泽. 正义的尺度——全球化世界中政治空间的再认识 [M]. 欧阳英，译. 周穗明，校. 上海：上海人民出版社，2009：4.

1. 再分配——经济的维度

在某种程度上，弗雷泽继承了马克思的思想，注重经济因素在社会中的作用。认为，经济上的不正义构成社会不正义的一个基础性层面，再分配不公和阶级的存在，是经济不正义的表征形式，是包括了对基本物质资料分配的不公正、剥削及群体边缘化；根本上是由于社会的经济结构所导致。因此，再分配正义的目标就是实现广泛的经济平等。

只有在经济上获得基本的平等，人们才有可能追求更高层次、甚至是文化上的平等诉求。从这个角度讲，经济上的平等，是文化平等、政治平等的物质保证和客观条件。试想，没有了基本的经济平等，人们对于文化和政治上的平等参与又将从何谈起呢？另外，文化和政治上的平等参与若是没有了经济上的保证为前提，又将从何谈起呢？

2. 承认——文化的维度

在弗雷泽的正义理论中遇到的社会正义诉求的第二个类型就是正义的文化维度。正义的文化层面根源于社会的阐释与交往模式之中。在今天，文化层面的不正义主要表现为一种在社会交往过程中的错误承认，这种错误承认拘泥于自身的陈规旧制或文化传统，而对于异己文化视而不见。这种不正义的存在形式主要是以身份为标志，包括人种、种族、民族等，甚至还有性别差异的少数群体。因此，承认的目标是要将个体或群体从社会文化的从属地位中解放出来，给予全体社会成员以平等的文化地位和认同。

因此，要消除这种制度性的障碍从而允许所有的人能够以平等的身份参与社会生活。赋予每一个体以平等的地位，克服那些不公正的待遇,提高人们在现代条件下在精神层面、道德层面和心理上的自我认同感,打破身份的限制。而在现代资本主义社会中,阶级结构与身份政治并不是简单地相互映照的,尽管它们偶然地也会相互发生作用,并且每一个都要具有某种相对独立性。因此,承认理论与分配理论,都不能独自为资本主义社会提供正义的恰当理解。唯有一个包含分配与承认的二维理论,才能提供社会——理论复杂性的必要层次与道德——哲学的视角。

3. 代表权——政治的维度

生产力和资本的扩张,使得"现代领土是思考正义问题的适当单位,以及这些国家的公民是相关的主体等,对于许多人已不再是不言自明的了"①。但是,仅仅从再分配和承认两个方面来解决正义问题,并不能实现正义的全部内容。因为,在凯恩斯主义——威斯特伐利亚框架②下是可以成立的,但是如果这一框架被打破的话,正义的主体和正义的内容都会发生变化,就必须要加入新的维度才能真正维持正义的平等,这样正义的第三个维度呼之欲出。这个问题超越了"什么"与"谁"的问题,弗雷泽称之为"怎样"的问题。"这个问题反过来开创了一种范式转移:被凯恩斯主义——威斯特伐利亚框架视为社会正义理论的东西,现在必须变成一种后威斯

---

① 南茜·弗雷泽. 正义的尺度——全球化世界中政治空间的再认识 [M]. 欧阳英,译. 周穗明,校. 上海:上海人民出版社,2009:14.
② 在弗雷泽看来,"凯恩斯—威斯特伐利亚架构"特指战后民主福利国家鼎盛时期内正义争论的国家领土基础。在弗雷泽的语境中,"威斯特伐利亚"代表了这样一种"政治想象(political imaginary)":将正义问题的讨论局限于主权国家内部,国家领土的界限就是正义问题论域的分界。

特伐利亚的民主正义理论。"①

在今天，人们对再分配与承认的诉求，日益与改变框架的斗争联系在一起，而这种斗争日益超越了领土国家，这就是正义的政治性维度，涉及国家权限与决策规则本质。政治维度对于其他两个维度而言是规定性维度：首先规定了成员资格，他通过设定相关的原则告诉我们"谁"有资格作为成员参与到社会生活中；其次，提供了各个维度解决问题的程序原则，政治维度不仅规定了谁是社会成员的主体参与社会的经济、政治、文化等活动，也为他们问题的解决设定了程序和决策规则。简言之，就是指正义的"谁"和正义的"怎样"这样两个问题，事实上，这两个问题的解决则要求消除政治平等的障碍。

弗雷泽指出，威斯特伐利亚框架鲜明地将世界的地域空间通过条例形式固定下来，区分出各个主权国家的空间范围。分配问题仅仅是指地域内的国家成员如何分享国家经济成果及国家经济的运行问题，承认诉求也局限于公民的身份等级。随着全球化意识的增强，任何一个国家、地区的经济、文化、政治都受到来自超越国土界限的国家的影响。那么正义的框架和内涵必然要发生相应的变化，一个"后威斯特伐利亚"范式应时而生，一个新的政治维度——代表权——规定着其他维度的范围和内容，"这个术语既能够意味着象征性建构，也能够意味着政治发言权"②。这是因为，代表权问题一方

---

① 南茜·弗雷泽. 正义的尺度——全球化世界中政治空间的再认识 [M]. 欧阳英, 译. 周穗明, 校. 上海：上海人民出版社, 2009：15.

② 南茜·弗雷泽. 正义的尺度——全球化世界中政治空间的再认识 [M]. 欧阳英, 译. 周穗明, 校. 上海：上海人民出版社, 2009：169.

面回答了政治参与方面的内容和程序问题,这保证了社会成员能顺利实施自己的政治权利;另一方面,代表权对于跨越地域边界的正义问题给出了建议,即代表权的象征意义。如果代表权是政治的规范性问题,那么典型的政治不公正就是错误代表权。弗雷泽认为,错误代表权就是指共同体的某些制度否定了社会成员平等参与的正当性。错误代表权之所以会发生是由于政治边界和规则无法满足所有社会成员的需求,而且超越地域的边界划分使得弱势群体的权益被损害,由此,"代表权涉及象征性建构与民主声音的交叉点"[1]。代表权对于民主建构和推进在当代起着重要作用,在这样的条件下,弗雷泽通过对错误代表权(普通错误代表权、错误建构与元政治错误代表权的统称)[2] 的解构,确认社会成员的资格和政治框架,明确利益的核心,由此来解决当下的不公正问题。对于普通错误代表权可以通过民主讨论的方式加以矫正;对于错误建构则可以通过"所有人受影响原则"(这一原则主张不以地缘边界来规定主体的范围,而是根据受到社会结构或制度影响的范围为依据来确定正义的主体)加以矫正;对于元政治错误代表权,需要前两者携手为元政治民主而斗争。因此,必须包含在正义的维度之中,没有代表权就

---

[1] 南茜·弗雷泽. 正义的尺度——全球化世界中政治空间的再认识 [M]. 欧阳英,译. 周穗明,校. 上海:上海人民出版社,2009:170.

[2] 普通—政治的错误代表权,是指在某一特定正义范围内,某些政治决策规则错误地剥夺了被包含其中的人作为平等主体全部参与的机会。错误建构,弗雷泽提出的,涉及政治范围边界的设定问题,当共同体的边界以与错误地排斥一些人完全参与正义的权威化论战的机会同样的方式被推断的时候,这种不公正就出现了,它排斥了一些成员在共同体内部的正义分配与承认。元政治错误代表权,是指在建构第一层级正义空间过程中,由于没有遵循民主化的程序原则,导致错误建构问题的出现。它与错误建构似乎又形成了因果关系。

没有再分配或承认。鉴于代表权问题在为正义而斗争中的重要地位，在对政治结构中的制度化不正义问题的揭露将民主与正义紧密结合起来了，形成了弗雷泽"批判—民主"的解放目标。

至此，弗雷泽在经济、文化和政治三个维度上进行了整合，力图使其在后威斯特伐利亚框架内承担反对分配不公、错误承认和错误代表权的任务，从而完成了她的三维正义理论的建构。然而，在弗雷泽那里，公正的根本含义是平等参与，并且她的理论框架也是为这一目标而努力。而公正的三个维度地位不是相同的，代表权规定了谁的问题，明确了正义的主体范围，从而确认了成员的社会归属，只有在此基础上才能再谈及其他的经济和文化内容。

三、弗雷泽正义理论的核心内容

在弗雷泽与霍耐特近十余年的论战中，尽管他们的论争涉及道德哲学、社会理论和政治分析等各个方面。但是，正如霍耐特的承认正义为了寻求一种善的好生活而主张尊严、正义与自由等核心问题一样，弗雷泽为了建构一种现代的公正的生活，在理论建构的过程中形成了自己重要但是又与霍耐特迥异的核心范畴。她以反规范化的理论建构为起点，以参与平等为核心原则，以民主正义为目标，主张在全球化背景下重塑正义理论，以体现当代全球公民正义运动的多元正义诉求。弗雷泽的社会正义理论就是要通过揭露制度化的不正义，从而表达其批判与超越的理论旨趣，以求达到对批判理论的实践的解放目的。因此，弗雷泽的社会正义理论代表着一种建构未来政治理想的憧憬。

第三章　弗雷泽复合正义对承认正义的挑战

（一）规范到反规范：反规范的正义模型

弗雷泽对于正义的描述是从"规范"基础开始的，她借用了托马斯·库恩和理查德·罗蒂对规范科学的理解，弗雷泽将正义范式分成了两个时期，即规范正义（normal justice）时期和反规范正义（abnormal justice）时期。第一个时期是从冷战开始到1989年推倒柏林墙，这段时期，不管是西方资本主义社会，还是共产主义社会，即使两个社会对正义的内涵有多大的分歧，但其看待正义都是一元的视角，即经济分配的正义。正如在罗尔斯著名的《正义论》中，也是始终围绕分配正义来展开进行论述的。同时，这个时期关于正义主体都一致认为是一国内的公民。第二个时期，就是弗雷泽所称的反规范正义时期。这时候，一元的分配正义已经无法满足人们的正义诉求，并因此涌现了许多和分配正义不同的正义观，其中主要包括两种，即承认理论（recognition）和政治代表权理论（representation）。他们按照社会生活的不同领域对正义的实现提出了解决路径：对在经济领域内的再分配方式，文化领域内的承认原则，以及政治领域内的代表权制度。但是，弗雷泽的这种反规范性的正义方式是一种特殊的、反思性的正义理论。在这样的条件下，正义无须构建稳定的规范基础。

弗雷泽认为20世纪90年代以来，全球化进程的结果之一就是世界中心由一个中心向多个中心扩展，原有的正义规范逐渐滞后于社会发展进程，呈现出"去稳定化"态势。寻找规范基础的正义理论已经无法解释当下复杂的正义诉求，需要一种反规范化的理论。因此，弗雷泽借用"反常规正义"来解释新的历史条件下的非正义问题，表达出当代全球民众的新兴的正义诉求，以求重塑全球正义理论。事实上,大概的情况则呈现出这样的态势,"规范的正义从历史上说是反规范的,而与此同时,反规范的正义则代表着历史的规范"。①

这一历史时期都呈现出社会历史的新问题和正义诉求的新变化,弗雷泽根据这些变化,明确了研究路径——"反规范正义"。她讨论问题的起点不再是设定正义的规范而是不正义产生根源,研究问题的角度不再是满足正义规范的建构而是在制度背景下人们遭受的不正义待遇,实现目标的路径不再是某一方面的推进而是通过社会类别的扩展透视不同领域,解决问题的方法不再是模型的建构而是一种反思与超越的逆向思维方法。因此,弗雷泽的平等公正目标就是要打破原有的权力控制和空间束缚,实现民主正义。事实上,规范公正,在弗雷泽看来,指的是在关于公正的辩护中总是存在一系列给定的构成性假设所规定的边界,每一个参与者都分享着每一项假设。例如,对公正的诉求存在着共享关于有资格提出诉求的多种行动者,以及解决问题的代理性机构,也共享关于范围的假设,规定对话者的圈子,划分出利益与利害关系共享者的范围,同时还共享关于空间和社会分层的假设等。"反规范公正"则对这些设定持怀疑态度,认为这些假设是建立在对不赞成主流者进行压抑或边缘化的基础上。在弗雷泽看来,这些争议存在的主要原因是人们对这三个问题的解决方面难以达成共识。

反规范性不是完全偶然的,弗雷泽将这些关于正义的论争归结

---

① 南茜·弗雷泽. 正义的尺度——全球化世界中政治空间的再认识[M]. 欧阳英,译. 周穗明,校. 上海:上海人民出版社,2009:50.

为：全球化世界中反规范性的节点。这具体体现在围绕着公正问题所进行的三点争议展开的，即"公正"是什么？"谁"的公正？以及"怎样"来达到公正（程序）？第一个节点反映了人们对有关正义的"什么"的理解是缺乏共识的。这一问题关注的是正义的事物及其所涉及的本质。但是，对这一问题的讨论结果是，人们对怎样理解不公正（不管怎样去矫正它）缺乏共识，即使在信誓旦旦的民主主义者与平等主义者的内部，也是如此。关于正义的"什么"是悬而未决的。第二个节点反映了人们对正义的"谁"的理解是缺乏共识的。这是正义的范围问题。然而对于这一问题的讨论，如对正义的"什么"的讨论一样，依旧是缺乏共识，处于争论之中。"反规范性的第三个节点反映了人们对正义的'怎样'的理解是缺乏共识的。"[1] 这个问题解决的是程序性的规定，告诉人们如何做。但是，在反规范的语境中关于"什么"和"谁"的参量都是变化的，因此，这一问题的讨论也是悬而未决的。反规范性的这三个节点反映了先前占霸权地位的逻辑的去稳定化。

弗雷泽的这种"反规范正义"的研究视角，是她面对现时代正义诸问题的对策和方法，也是她构建理论的探查角度。这种探查视角具有正向和反向两个角度，正向上拓展着正义的论域，从更宽泛的逻辑角度来看待不公正；反向的方面则是在扩展的论战中，简化确证与校正不公正的方法。因此，弗雷泽的理论向我们展示了各场域中的非正义关系，一方面，致力于根据现实中具体的不正义关系

---

[1] 南茜·弗雷泽. 正义的尺度——全球化世界中政治空间的再认识 [M]. 欧阳英，译. 周穗明，校. 上海：上海人民出版社，2009：50.

117

和制度来诉求正义；另一方面，也省去了建构一个规范的正义概念所需承担的种种要件和负荷。因此，弗雷泽将自己的全部主张理解为一种反思的正义，而不是一种新的规范。出于此目的，弗雷泽的正义理论延续了批判和反思的精神，她将目光投向现实生活中的不正义问题，反思其背后的深刻原因，试图通过论战、对话和协商的方式达到反对霸权主义，实现对话和制度相结合基础之上的多元化的民主社会。

（二）核心原则：参与平等

正如霍耐特理论的规范基础是以承认为核心的自我实现一样，弗雷泽也有自己的核心原则，这就是"参与平等"原则。与霍耐特将承认视为正义理论的规范基础不同，弗雷泽是将正义的核心精神定位于参与平等，因为"根据对平等道德价值进行的激进民主阐释，正义要求允许所有人平等参与社会生活的社会安排，消除不正义就是取消阻止某些人作为平等、完整主体参与社会互动的制度障碍"[1]，所以，承认在地位模式下"致力于把阻碍平等参与的文化价值模式去制度化，并用促进平等参与的模式取而代之"[2]。更重要的是，参与平等代表公共理性的主要习惯用语，那种在分配和承认的问题上传导民主政治观点的首选语言。确切地说，资产阶级公共领域中的话语互动，既受到本身相互联系的生活方式和行为风格的束

---

[1] Kevin Olson. *Adding Insult to Injury——Debating Redistribution, Recognition, and Representation* [J]. Version, 2008: 277.

[2] Nancy Fraser and Axel Honneth. *Redistribution or Recognition?——A Political-Philosophical Exchange* [M]. Trans by Joel Golb, James Ingram and Christiane Wilke. London, New York: Verso Press, 2003: 30.

缚，也受到地位不平等的支配。这使得女性、"有色人种"和平民阶级非正式地被边缘化，并阻碍他们作为地位平等者参与社会活动。

"参与平等"的理想是要求社会制度的安排为所有社会成员间的交往提供一个平等的舞台。这种社会制度的安排具体来说就是，提供经济、文化和政治方面的支持以保证社会成员能有公平参与社会生活的机会。弗雷泽将"参与公平"原则视为社会的元规范，以此来衡量其他规范是否恰当。然而，这一规范原则的实现必须通过一系列的条件来确定其具体的内容和实现方式，甚至是对现行社会制度的评价体制。关于承认诉求价值的公平的民主协商，需要对于所有现实的和可能的商谈者的参与平等。参与平等反过来需要公正的分配和相互的承认。"参与平等"作为正义范式的核心，如何在现实中真正实现社会成员间的平等互动，是一个重要的问题。它至少需要两个条件：一是客观条件，即物质条件的保障。参与平等需要资源的分配公平并能保证参与者的独立而拥有发言权，反对将物质分配的不平等制度化而阻碍社会成员的平等参与。二是参与平等主观条件，即主体间性要件。反对贬低特殊个体和与他们相关的品质，而要求制度化的文化价值模式要每一个个体以相同的尊重，使他们在公共生活中"能够用'自己的声音'言说，从而通过语言的特性和风格构建、表达自己的文化身份"[1]。此外，还要一个支撑性条件，即保证社会成员能够平等参与的程序性条件。这一条件是为社会成员的诉求提供一个合理的表达机制，促进主体在社会参与中的

---

[1] Nancy Fraser. *Justice Interruptus*: *Critical Reflections on the "Post-socialism" Condition* [M]. Willey-Blackwell, 2000: 83.

公共性。这三个条件中，前两个是参与平等的实体性条件，最后一个则渗透在前两个条件之中。同时，参与平等的这三个条件都对应着相应的领域和核心问题，客观要件是在经济领域以再分配正义为核心，主观要件是在文化领域以承认正义为核心，程序性条件应对的则是以代表权为核心的政治问题。由此，参与平等原则渗透到了经济、文化和政治的各个领域之中，支撑了三个维度，并且促使它们之间能够相互较量。

若想在这三个方面要实现平等参与，就必须拓展批判理论的空间，因此，弗雷泽指出了"批判理论的一个任务，就是要使社会不平等影响形式上纳入现存公共领域的方式，以及影响其中话语互动的方式一目了然"①。通过扩展弗雷泽关于正义的经济和文化维度，来说明参与平等的复杂性及其支持条件，如下表②：

正义的领域	参与平等的条件	社会差异的形式	不正义的形式	解决方案
经济	客观条件	阶级	分配不公	再分配
文化	主体间性条件	地位	错误承认	承认
政治	程序条件	公民权	边缘化	包容

总而言之，参与平等作为一种渗透性的规范基础在正义的各个方面进行调节，并尽量促使正义的各个诉求的合理实现。因此，在这一基础之上的规范框架完成了三个主要任务：第一，对社会正义的理解和阐释达到了尽可能的深度和广度；第二，这一核心的批判

---

① 南茜·弗雷泽. 正义的中断——对"后社会主义"状况的批判性反思 [M]. 于海青, 译. 周穗明, 校. 上海：上海人民出版社, 2009：85.
② 凯文·奥尔森编. 伤害+侮辱——争论中的再分配、承认和代表权 [M]. 高静宇, 译. 周穗明, 校. 上海：上海人民出版社, 2009：251.

矛头直指当前社会的非正义现象,摆脱了一种描绘性的乌托邦理想;第三,这一核心原则的批判态度,帮助我们从众多的价值诉求中挑选出最有意义的价值诉求。在这多种任务的实现中,弗雷泽的参与平等原则将对民主的追求和对正义的反思恰当地结合了起来。

(三)民主正义理论的"批判—民主"之路

"参与平等"作为规范基础包含着民主和反思的要求,对于今天的正义追求有着重要的现实意义。在今天,正义主体的不断扩展及正义如何实现的问题愈加突出,单纯的革命斗争无法实现真正的正义,而依靠承认、对话协商是一条可以考虑的路径。鉴于这些,弗雷泽将自己正义理论归结为一种民主正义理论(Democratic Justice)。相较于其他的正义构想而言,她认为自己的"三维"正义理论最为注重具有民主的特质,从而走上了一条"批判—民主"之路。

这条"批判—民主"之路上,弗雷泽努力在纵向和横向上完成民主任务和批判旨趣。一方面,就纵向而言,弗雷泽既看重结果的平等也注重过程中的民主,将两者统一起来,以期将民主的内涵贯穿于参与平等的整个过程之中。具体来说就是,"参与平等原则具有表达民主正义反思性特点的双重性质:一是这一原则是一种结论性概念"[1]。我们可以根据这一原则来检验社会制度及社会成果是否民主和公正,只有当全体社会成员被赋予平等的权利参与社会活动时我们才可以说社会制度的安排是恰当的,否则就不具有正义的实质

---

[1] 南茜·弗雷泽. 正义的中断——对"后社会主义"状况的批判性反思 [M]. 于海青,译. 周穗明,校. 上海:上海人民出版社,2009:28.

意义。二是"这一原则还是一个过程性概念，它说明了程序标准"[①]。我们可以根据这一原则来考量社会成员参与活动的过程是否民主，只有当社会成员在参与社会活动的过程中控制其是否实现了所有人的所有意见的公正与公平时，这些规范的民主才是合法的。由此，参与平等将结果和过程紧密联系起来，赋予了参与平等为规范基础的社会正义理论一种内在的反思性。另一方面，就横向而言，弗雷泽将消除制度性障碍的方式来矫正再分配、承认与代表权方面的不正义，以期将民主的基本精神和反思的旨趣渲染到社会领域的各个维度上面。弗雷泽一再指出，要想在经济、政治和文化领域彻底贯彻参与平等，必须通过公众讨论的民主过程，对话式、缓慢地施行。最后，民主正义理论的重点是要在通过政治领域的代表权问题来实现正义的民主理念，她试图赋予社会成员以同样的资格，并采用对话的方式矫正政治不公。在这些层面上，弗雷泽努力实现从"社会正义理论"向"民主正义理论"的转变。

全球化世界里，我们需要重新考虑应该"怎样"决定"谁"的问题的需要。弗雷泽对正义"怎样"问题的反思性思考之后，勾勒了一条"批判—民主"路径。这条路径需要将正义的环境、结构性原因以所有人受影响原则进行新的概念化。因而，从这个视角来看，有关"谁"的争论具有双重特点：同时是规范的与经验的。一方面，我们关于社会知识的获得总是和一定的规范相联系，是一个批判的理论概念；另一方面，对公平的公共辩论的一种民主政治兴趣。由

---

① 凯文·奥尔森编. 伤害+侮辱——争论中的再分配、承认和代表权 [M]. 高静宇，译. 周穗明，校. 上海：上海人民出版社，2009：285.

第三章 弗雷泽复合正义对承认正义的挑战

于将经验与政治承诺结合在一起，所以，这条路径应能够去弥补规范—科学路径的不足。另外，弗雷泽的这种建构也将批判理论的精神贯彻下来。通过发展这条路径，加深了正义与民主之间的联系。在后威斯特伐利亚时代，平等范畴从主体到客体，从形式到内容都向更加平等方面发展；同时民主范畴虽然有了一定提升但在很大程度上却是对社会正义平等概念的补充。弗雷泽的"批判—民主"道路也将面临来自各方面的挑战，一是谁的问题，二是如何区分政治和道德的问题。因此，她的这一路经要求在两方面进行反思：它一方面反对平等主义与精英政治之间当前事实上的结盟，另一方面也反对民主主义与国家主义之间的结盟。在拉近了政治与民主间的关系的作用，依然不能忽视发展这一路径在当下的社会环境中做具有的积极意义。

弗雷泽既是一位批判理论家，她继承和发扬了批判理论的传统和规范架构；又是一位新左派的理论代表，带有激进的民主特点，高度关注社会中的敏感话题和弱势群体问题。从而将政治哲学的中心问题转移到正义问题上，反思了传统正义观的不足，批判了当前多元化社会中竞争的混乱局面。她将参与平等原则贯彻到再分配、承认和代表权的理论建构和具体实践中，促进民主的真正扩展和深入。这种批判与反思的品质，适应了当代超越了地区、国界限制的政治诉求，适应了全球性的公共框架，对于当代国家思考自身在现代化进程中的作用、地位和决策有着重要的启示和借鉴意义。

第四章

承认正义理论的不足与融合可能

在当代西方社会，正义理论已经融进了政治生活中，承认正义是这种生活中的新形态。我们业已将各执一方的承认正义铺陈开来，双方似乎是经纬线，按照各自的轨迹前进，呈现出截然不同的发展脉络，但又不可避免的相遇展现着相互交织的图景。承认正义是在现代社会中更新和发展了的批判理论，是对当下社会问题的经验研究和规范研究的新结果。而就霍耐特和弗雷泽的政治立场来说，承认正义是他们对当代左派的社会斗争辩护的理论武器和证明。他们关于承认正义的争论代表了两种进步的学术努力，也是正义批判理论的践行，更是正义问题研究在规范与经验双重向度的展开。霍耐特和弗雷泽的理论框架哪一个更适合为当前的正义诉求做出辩护？以及他们的理论本身就是自洽的吗？霍耐特的多元正义理论与弗雷泽的复合正义理论可以相互融合吗？我们需要对这些问题进一步的探讨，才能真正看清这两种承认正义各自的优劣，为正视当下的社会生活选择个更好的方案。

一、霍氏与弗氏承认正义理论的内在矛盾

霍耐特在承认理论的基础上提出了多元正义理论,旨在为资本主义社会提供一种分析框架和矫正图式;弗雷泽以一个质疑的身份、一种责问的态势,与霍耐特进行了争论,提出了以参与平等为核心的复合正义理论,旨在为左翼理论重塑形象。他们在相互争论中,不断修正各自的理论,然而他们的理论就无懈可击,或者说可以完整地解释当下社会的诉求了吗?似乎是不可能的。他们长达十多年的争论,正是因为彼此都不满意对方的方案,或者说他们各自的方案中都存在着各种各样的缺陷和不足。

(一) 霍氏多元正义的内在悖论

霍耐特的理论范式秉承了德国哲学辩证传统和文化气韵,从辩证的角度描述了社会斗争的动力结构,由此,他的理论折射出一种"自我—他者"的辩证法。他努力探索一条既能重振法兰克福学派批判传统的路径,又符合社会现实的规范要求。但是,他在承认理论基础上构建的多元正义理论招致了许多的质疑,并不断发生着争论,因此,在不断地纠正、修补、完善。正是这种繁复的过程使得霍耐特的承认正义内在的许多困境不断地暴露出来。

首先,霍耐特的多元正义陷入了一种三原则自身能否完满的困境。霍耐特对多元正义原则的三分法能否自洽呢。霍耐特力图要克服法兰克福学派经验研究的弊端,发展一种经验研究与规范研究相结合的方法。他发扬了德国哲学的规范性特点,继承了先验哲学纯粹性的特点,因而,霍耐特的多元正义在面对当下的社会问题本身时,总显得那么畏手畏脚。例如在对待再分配问题上,法权原则和

社会尊敬能够真正解决再分配的冲突吗？如果这两个规范都要调节再分配问题，或者说再分配领域为这两个规范所调整，那么这两种规范是否会发生冲突呢？弗雷泽直指其软肋："一般来说，霍耐特的三项原则无一同时满足那两种需求……霍耐特将每项承认原则分配到它自己的社会领域，似乎是确保这些原则不会发生冲突。"① 尽管这种批评有些绝对，事实上，霍耐特的社会承认三原则并不完美甚至还存在着相互抵牾的地方。就以法律平等原则来说，霍耐特认为，随着社会进步，福利国家不断发展，各个阶层的利益受到经济贫困的威胁，导致人们将法律原则引入和成就评估相关的领域，而将成就原则适当地与社会地位的保障部分剥离。事实上，法律平等原则似乎进入了生活中的每一个领域，呈现出渗透性、扩张性特点。而且法律原则具有一种不可抛弃的可能性："准确地干预其他的承认领域并确保认同的底线条件。只要这一事实从法律领域出发，以承认的其他两个领域为目标，那么它就会表明道德逻辑的某个方面构成了边界转换的基础。"② 这里既反映霍耐特承认正义三原则自身并不能自洽，但是他们之间也是相互融合、相互交叉的可能。

正是因为，霍耐特的多元正义三种形式的不能自洽，他一直都认为三种承认形式穷尽了正义的全部意义，于是将不同的问题不断地放置进去，努力将承认作为规范来诠释所有的问题，结果使得多元正义作为一个正义理论之不完善越来越明显和突出。霍耐特面对

---

① 南茜·弗雷泽，阿克塞尔·霍耐特. 再分配，还是承认？——一个政治哲学的对话 [C]. 周穗明，译. 上海：上海人民出版社，2009：171.

② Axel Honneth. *Recognition and Justice: Outline of a Plural Concept of Justice* [J]. Acta Sociologica, 47 (4), 2004 (47): 362.

<<< 第四章 承认正义理论的不足与融合可能

弗雷泽的质疑,尤其是在对待"承认—再分配"的问题上,他将再分配问题视为承认的派生性问题,用承认的规范性基础来解释分配在现代社会中的地位问题。从而将再分配归置到了承认的范畴之中,将其视为承认的特殊形式。霍耐特的这一处置方式还体现在对文化问题上,他也是将文化视为承认的一种特殊形式。将文化问题理解为两个方面。一是文化冲突被在法律平等承认原则视域内加以解释,这本质上是必然涉及个体自主、自由理解的扩大;二是为文化承认而斗争被描述为某种新东西:在自由资本主义社会中开辟的一种新的、在某种程度上是划时代意义的第四个承认原则。这样霍耐特就将文化与人的尊严相关联,试图从文化层面来说明承认问题,形成承认的第四个原则。但是这一原则如何与已经固定化的原则相融合,如何与社会制度相兼容,并能真正解决人们在现实生活中问题。都是悬而未决的。对于这些问题,霍耐特将其视为承认理论的最大优点,但是既不能把承认原则的运用视为道德上正确的,又不能从整体上陈述承认原则的道德合法性。霍耐特对文化承认作为第四种承认形式可能性的论述,是其对自身理论的补充、修正和完善。霍耐特认为,承认的三种形式不仅是对人类社会结构的经验性划分,更反映了社会结构的规范性基础,具有普遍意义。但是这种普遍性并不是完满的,需要不断地丰富自己。结果就出现了这样的困境,霍耐特一方面自诩三种承认原则具有普遍的规范意义,另一方面又无法穷尽正义的全部维度。这就构成了霍耐特承认正义理论自身缺陷的第一个问题。

其次,霍耐特的承认正义陷入了一种自由悖反的困境。霍耐特承认正义的目标是要架构一种美好的生活,这种美好生活的观念是要建立在多元承认正义构想基础上的。他认为，随着现代性的到来，社会承认秩序从等级制转向平等化，从排他性转向包容性。因此，霍耐特对自由的追求和期待也变得更加迫切。一方面，外部自由主体间性对内部自由实现的限制。按照霍耐特的理解，个体的成长过程是获得自由的进程，是由其内在的心理认同需求所促动的。个体在自我实现的过程中，外部环境的强制性束缚会加剧个体内心的恐惧感、孤独感和压抑性。外部环境的宽松和谐则有助于激发个体内在的动力，同时主体间的伙伴关系则帮助个体来克服这种心理上的束缚，达到自由、自主、自觉的实现。而他将社会生活领域刻板地划分为三个领域——爱、法权、团结，以此来建立主体内在与外在之间的条件。殊不知，这种单纯的划分恰恰限制了内部自由的真正获得，同时也使得外部自由变得形同虚设。因为，人们在社会化过程中，他不仅给予个体在表达需求时以安全感，而且使个体能够运用自己的能力。从而使得本应获得自由，却成为自由的羁绊。

另一方面，自由的历史性与自由的普遍性相悖反。要促进人的自由离不开相互承认的主体间条件。霍耐特将人类之间的承认关系固化为三种形式，殊不知人类认同的发展是历史性的。霍耐特还试图找到一种跨历史和文化的标准来说明社会承认关系，结果，这种超历史的自由不仅没有说服力，而且束缚了自由的实现，与其理论初衷相矛盾。因为人们在具体的历史和文化背景下，对于自由的认识总是有一定局限的，如果超出了这个时代所容纳的度，则要么是成为镜中月、水中花，要么就成为自由的破坏者。霍耐特将这些承认关系作为一种恒定的规范确定下来，恰恰是对自由发展的限制。当然，这不是说我们不需要一种普遍的标准，而是说，任何一种普

>>> 第四章 承认正义理论的不足与融合可能

遍的标准都应该能够给人们的自主选择留下足够的空间。否则将会伤害到人们自由。因此，霍耐特的承认正义理论陷入了一种自由的悖反困境之中。

霍耐特以承认理论为基础，构建多元正义理论，旨在促进人的自由，以期实现社会正义。但事实上，他的理论既促进了自由，也限制了自由。他所确立的一个社会所需要的爱、尊重和重视的承认原则，反倒构成了对自由的限制。多元正义理论构建的目标是极大地没有强制地实现人对期望生活的自由选择，事实上却是极大地损害了自由的发展和形成。对自由的损害将直接导致人们对多元正义的信赖度。因此，在霍耐特的多元正义中渴望自由，但又不可避免地限制自由的悖论成为他理论的先天不足。

最后，霍耐特的承认正义陷入了一种理想与现实不容的困境中。霍耐特的多元正义主张，蔑视体验构成了社会斗争的动力学，承认是社会的规范基础，好生活是最终目标。他借助米德社会心理学之名实现自己的愿望之实，即对现代社会进行道德内部结构的分析。即使是面对弗雷泽的质疑，如何解决"承认—再分配"问题时，霍耐特依然坚持自己的承认一元论，将"再分配"看作承认的特殊形式。因此，霍耐特将社会斗争的动力学解释为蔑视体验这样的道德体验视为正确的。事实上，这种超越阶级性的斗争具有理想主义倾向。事实上，对于那些生活处于生存临界点的人们来说，自信、自尊和自尊都不是第一位的，基本的生存需求才是重要的。此时温饱的需要超越了道德，对于这样的群体甚至共同体来说，正义的核心内容还是为了获得基本的生存条件，在此基础上才有可能谈及获得自信、自尊和自重这样的精神需求。这样的条件下，承认的需求才会被不断地突显出来，才会出现为承认而斗争的局面。所以，霍耐特的承认正义理论并不是普遍意义上的，他力图寻找经验的研究最后又回归到了"书斋里"。他试图在经验和规范两个方面做出的努力没有真正的结果。简言之，霍耐特的正义理论试图超越温饱、阶级、经济等问题，具有理想主义的色彩。而且，霍耐特的承认理论从一开始就不断强调专家的重要作用，甚至将专家文化的作用不断提升，突显的是文化在社会发展中的作用。在实际的操作中，则不免会强调规范研究、强化专家文化，忽视个体成员的感受。事实上，霍耐特的多元正义理论看似从对现实的不公正体验出发，进行社会规范的重构。他试图一改前任所长弗里德堡纯粹的经验研究，力图使经验研究与规范研究融合起来，但是兜兜转转，他所做出的努力并没有如设想的那样，而是最后又回到规范的原点。因此，霍耐特的多元正义带着浓厚的理想主义乃至精英主义倾向的"贵族气息"，而与现实相容则显得颇为乏力。这也就成为霍耐特理论的缺憾。

总之，霍耐特在后现代的语境中，秉承批判理论的批判精神，努力将现实关注与理想向往结合在一起。他在承认理论基础上建构的多元正义理论，虽然对未来社会做出了美好的设想，然而，霍耐特的多元正义理论自身所带来的问题成为他的羁绊，因此，他既无法与罗尔斯的差异正义论同日而语，也无法与沃尔泽的正义论相提并论。所以，对于霍耐特的承认正义理论还要在传统与现实的双重维度上进行仔细的审视。

（二）弗氏社会正义的自身缺陷

弗雷泽以一个批评者的身份介入霍耐特的承认理论中，他们以承认理论为起点开始了对承认正义的争论。随着这场争论波及的范围逐渐扩大，弗雷泽的正义理论跃然纸上。她从自己女性主义立场出发对社会中的各种问题，尤其是社会政治制度性和结构性问题的弊端进行了深刻反思，延续法兰克福学派的批判精神，结合法兰克福学派第二代倡导的规范方法，吸收了解构主义方法的优势，综合各方面因素，构建"反规范"的正义理论模式。相较于霍耐特的承认正义而言，弗雷泽的理论具有更多的优点。她采用不同的手段解决不同领域存在的问题；强调平等规范的现代意义；注重社会运动的连续性；鼓励对民主福利国家的憧憬。弗雷泽的"反规范"正义理论在西方世界已经产生了广泛的影响，但是理论本身带有的不足和局限也逐渐暴露出来，许多地方还是值得商榷的。

1. 平等参与原则的痼疾

弗雷泽提出一个单一的规范性原则，即参与平等，并以其为覆盖性的力量来衡量其他的诉求，从而将再分配、承认与代表权视为正义理论的三个维度，她的理论也在与各方的论战中把承认置于正义的框架之中，从分配一元论到承认—再分配二元论再到再分配、承认和代表权的三维框架，成为批判理论的新阶段。

弗雷泽的参与平等原则作为规范基础，是从现实中的不平等生发出来的，有着现实根基，显出了民主的风度。但是她的参与平等是与现实社会相脱节的，带着强烈的主观色彩。弗雷泽对参与平等的论证，只是详细地论述了参与平等成立的条件，但是没有详细说明成立条件本身的构成要素，带有明显的先验气质。在弗雷泽那里，参与平等的民主本性是先天的，不证自明的，但这与现实社会的经验相悖。对弗雷泽来说，她的一个重要任务就是还需要进一步说明参与平等作为社会规范的基础，如何在不破坏原有法律制度的前提下真正实现参与平等。另一方面，即使弗雷泽的参与平等原则，使得民主主义和平等原则具有了现实根基，但并不是具备了一般现实转换力的理论。因为弗雷泽参与平等的提出并不是从所有社会成员的内在需求提出的，她也仅仅是对社会生活中处于劣势方成员的角度出发的。对于劣势群体的关注，就无法照顾到大多数群体的利益。因此，反映了参与平等的痼疾——虽是现实的，但又缺乏实践力；虽是关怀的，但又忽略普遍群体的。所以，从政治哲学的角度来看，弗雷泽的思想具有的激进主义特点，带有浓烈的左翼倾向和理想主义色彩。或许正是这种理论倾向上的区别促使霍耐特和弗雷泽在理论观点上大相径庭。

2. 三维正义思想的妥协性

弗雷泽将承认正义思想扩展为再分配、承认和代表权三个维度，这一理论模式让我们在分析社会不公正及其根源时要看到其多维度的原因，并且是三个维度互动的结果。然而，在某种程度上，三维正义思想不论是其内部之间，还是面对社会问题时，总是在不同程度上表现出一定的错位、妥协性和屈从性。

首先，在这个结构特征高度复杂的现代社会里，按照弗雷泽对社会问题的分析，有这样一个排序方式：一个是经济方式，主要是在市场领域内发挥作用；一个是文化方式，主要是在主体间的交往发生作用；另一个是政治方式，主要是在国家机构的政权程序方面发生作用。虽然这种划分涉及了人类生活的各个方面，然而却会造成一些错位问题：分配与承认之间出现不匹配的矛盾，分配与代表权之间也会出现不合适的矛盾，甚至是承认与代表权之间也出现了错位现象。伴随这些问题而来的是出现了三个相应的差异，即阶级、身份和党派。出现这样的问题，对弗雷泽来说也始料未及的，另外这也是三维正义思想中无法甩掉的先天不足。即使清晰地划分了各个原则对应的领域，但是不可避免会出现交叉、错位，甚至有些领域还无法涉及。就此而言，三维正义思想是不完善的，也无法达到尽可能的完善。因此，对于这一问题，弗雷泽也肯定地指出，三维正义思想不能穷尽所有的正义问题，也只是阶段性的，需要在社会运动和冲突中不断地发展和完善正义问题。

其次，对于弗雷泽来说，她努力构造的三维正义理论，力图使其能够充分解释社会生活中的各种问题，但是作为一个批判社会理论的那些问题的重要性而理应得到更精密考虑的悖论产生了。与她自己所确信和坚守的三维正义理论情况相反，弗雷泽不时地屈从于一种本质主义意义上谈论的"社会整合"和"制度整合"的诱惑。弗雷泽勾勒了一幅协调社会行动的三个不同方式——制度整合、通过价值观的整合和程序整合的图景，三个方式无疑能够影响彼此，但是却分裂了现实领域。这一模式与她的出发点自相矛盾，而事实上，各种"制度整合"过程已经反映或者能够反映某个规范原则的社会过程：也就是分配正义的过程。所以，她不得不放弃整合过程的制度理论的理念，因为这一理念阻止将经济过程描述为向规范转换开放。同时也反映了弗雷泽的三维正义理论思想所固有的妥协性和屈从性。在这样的情况下，她被缚束在一个悖论中：由于她继承了马克思主义遗产，她想要用关于匿名的经济过程的社会理论术语说话，而她同时又必须把一个极其相同的过程构想为强烈依赖于被价值所中介的交往，所以她能将对再分配的内在道德要求容纳在它们之内。

3. 三维正义框架薄弱，矫正方案摇摆不定

弗雷泽构建了一个自认为较为完满的正义框架，并且认为这个框架中的各个元素之间是相互制约且是平衡的。但是，在她构建二元理论视角之初，她的理论框架就有了一个轻重缓急的侧重和选择。在加入代表权维度之后，一方面，完善了她的正义理论；另一方面，使得再分配、承认和代表权之间互相制衡，从而达到一种平衡。但是弗雷泽的这种理论建构也暴露出其本质上的不稳定性、摇摆性。

弗雷泽继续了马克思对经济领域的关注，相对于霍耐特来说她更接近马克思的批判维度，因此，在经济与文化之间产生冲突时，例如在性别和种族问题上，她特别看重矫正经济不公的战略试图消除性别和种族的特定意义，重构劳动分工和收入分配，已使得人们在社会经济中地位不再受制于自身性别或种族的支配。但是矫正文化不正义的战略却试图肯定自身性别和种族所固有的价值，重估受到轻视和贬低的群体特征。面对这一"两难困境"，弗雷泽认为，文化个体性的解决还是需要依靠再分配领域的斗争来决定。因此，弗雷泽一直尽力保持一种中立性，公正地看待矫正文化不正义和矫正分配不正义之间的关系，避免向任何一方倾斜或排斥任何一方的危险。这样的中立性也衍生出一个问题：对于弗雷泽来说，文化正义和经济正义是有着先后顺序、轻重之别的。因此，最容易进入人们视野的是那些更能展现出经济问题，体现再分配要求的文化问题，事实上，文化诉求本身的重要性很容易被忽视。结果就是弗雷泽的解决方案在文化矫正和经济矫正之间模棱两可，试图通过消解文化差异来看待经济上的不正义，若此，会不会成为又一个文化"同化"的策略？所谓的再分配与承认的结合，在弗雷泽的正义框架之中是

极为不平衡的。

同样，当弗雷泽在社会正义理论的框架中加入政治维度时，依然无法将这种不稳定性加以矫正。就正义视角二元论而言，弗雷泽的再分配和文化的地位是不平衡的，有所倾向的，于是她加入了代表权维度。一方面是为了在程序上保证正义的实现，另一方面则是为了在再分配和承认之间取得一个平衡点，形成一个三角形的稳固结构。代表权是弗雷泽在政治上考虑之后做出的选择，是对再分配和承认的补充。按照这个思路来看，弗雷泽将代表权问题归结为社会归属问题，从而将代表权放在了决定性的位置，没有代表权，便没有再分配或承认。从而逻辑上就推出了：公正最一般的含义是参与平等。这样弗雷泽与霍耐特的将承认视为正义理论的基础就没有太大差别了。此时，在弗雷泽的体系中代表权又成了解决问题的重要手段和方法，她的三维框架体系的中心不断变化。然而，作为程序上的保障制度，代表权问题没有从根本上解决或者说依然以模糊的方式来解决群体差异、利益和身份文化等问题。事实上，弗雷泽却在再分配、承认、代表权之间徘徊，犹豫不决。

总之，弗雷泽的三维正义观从更宽泛的层面扩大了霍耐特的承认正义内涵，她从更深程度上实现了在各个领域中为自由主义所粉饰的污蔑、歧视、不平等等不正义现象的揭露和批判，实现了复合正义理论的构建。然而，弗雷泽的正义理论本身所带来的问题，也拘囿了她实现正义的宏大抱负，在本质上并未解决现实的正义问题。虽然弗雷泽努力在经验层面对正义问题进行分析和提出解决方案，但是和很多思想家们一样，她为我们描绘了正义社会的美好蓝图也力图提出可行的路径，但是对于我们所生活的时代而言，远不能解决资本主义社会的实质性问题，实现真正的正义。因此，还需要我们在理想与现实之间对其进行仔细审度。

二、霍氏与弗氏承认正义理论间的冲突

第三代批判理论家对资本推动下的资本主义全球化背景下社会苦难和受侮辱状况的高度敏感和深切关怀，对新社会主义正义理想的追求和争论，凸显了我们这个时代的正义难题，同时也展现了"正义"的一种开放的理论姿态。霍耐特和弗雷泽的承认正义之争不仅将正义的开放性态势进一步展开，而且也把他们理论中的缺陷不断显现，同时也把他们争论的焦点和冲突进一步暴露出来，同时也无法掩盖他（她）们之间深层的本质的差异。

霍耐特和弗雷泽在继承前人，设想美好生活的基础上，致力于将再分配和承认在实践中结合起来，以实现平等主义理想和批判理论的旨趣相结合，但是他们却在各自诉诸的理论建构方式及过程中出现了理论分野。他们二人的这两种规范构想建立在——人们应该在何处谈论所有公民的平等——这个问题的不同回答之上。因此，对于他们二人来讲，问题的核心并不是要在承认与再分配之间做出非此即彼的了断，而是在肯定两者基础之上的理论摆置问题。在这个意义上来说，霍耐特与弗雷泽之间的差别至少有三点，具体表现为对正义理想目标设定、在正义诉求经验参照点选择及论证路径上的分歧。

（一）对正义理想目标标准的设定不同

在当前的社会现实情况下，政治哲学亟待解决的问题是正义框架内的何种理想设想能够更好地反映人们的需求，能更好地评判政

治诉求。在这个层面上，弗雷泽和霍耐特走上了两条完全不同的道路和发展方向。

在霍耐特看来，人们对正义的规范、原则总是有设想的，这种设想都是为了主体能获得更多的自由和幸福，因此，他将"好生活"的期盼定为自己社会正义理想的目标。一个人只有摆脱了对他人的依赖，尽可能地独立，才能获得更多的自由。分配模式的确定恰恰是把人禁锢在了对他人的依赖上，正义降低到等于分配正义。事实上，正义理论是一个包含着多重内容的复杂问题，是以承认范式为基本范畴的综合经济和政治问题的承认秩序框架。承认秩序是一条主体间性的道路，为社会主体设置爱、自尊与重视等因素，搭建通往"好生活"的路径。因此，霍耐特借助"好生活"理论来确定自己正义理想的诉求、目标和标准。他强调人格认同形成，认为它的实现依赖于相互承认关系，承认秩序就是当下正义的最好诠释。霍耐特的理论是在哈贝马斯主体间性基础上的发展，而承认诉求则是主体间性最好的技术手段，也是抵达美好生活的路径。但是霍耐特的理论在理想与现实之间徘徊，于是弗雷泽直言讥讽："一种用于设计解决空洞形式主义的伦理出发点，却掉进了道德真空。"[1] 霍耐特的微观正义论并没有获得真正的实践印证。

对弗雷泽来说，正义理论的目标则是构建一个公正的"好社会"理想。她所期盼这个"好社会"的理想，即指"一个将分配正义、

---

[1] Nancy Fraser, Axel Honneth. *Redistribution or Recognition? —A Political – Philosophical Exchange* [M]. London·New York: Verso Press, 2003: 228.

身份政治和在每一层面的治理中广泛的民主参与相结合的愿景"①。因此，她的理论缘起则是基于现代自由主义的核心道德原则——参与平等。强调平等参与，认为它的实现依赖于文化承认，而不是从好生活理论开始。一方面，弗雷泽对资本主义社会的公共领域进行了剖析，发现目前资本主义社会公共领域存在诸多障碍，例如话语方式的障碍，也有身份地位不平等的支配。既妨碍了民主的实现，也阻碍了社会成员的平等参与。因为这些障碍阻碍着社会各阶层、种族和性别的成员不能享有同样平等参与的社会地位、经济支持和政治资源。另一方面，制度化了的不平等必须被去除。费雷泽出于对资本主义民主制度的批判，分析了制度化的障碍。制度化的经济障碍——消除参与不平等的经济障碍再分配才成为可能；制度化的政治障碍——消除政治参与的限制才能使社会成员拥有表达政治诉求的可能；制度化的文化障碍——消除文化上的区别对待才能使社会成员获得尊严和自尊。于是，弗雷泽实现了向自由主义的转向，设想了一个参与平等的"好社会"，这个"好社会"包含了承认、再分配和政治三重维度，更倾向于宏观层面的社会建构。

　　这是两种在不同层面上对正义理想做出设定的理论，恰恰又不期而遇，他们之间的争论必然会呈现出对同一问题在不同层面上的深刻反思和扩展。这两种对正义理想和诉求的不同设定，是两位学者在各自对现实的不同认识和分析基础之上的决定。理想诉求的不同不仅仅是简单的理想设定，而是在不同层次上的对问题的不同看

---

① 南茜·弗雷泽. 正义的尺度——全球化世界中政治空间的再认识［M］. 欧阳英，译. 周穗明，校. 上海：上海人民出版社，2009：4.

法造成的。因此，这一问题上的分歧成为她们争论中的导火索，以及她们论战的根本原因所在。同时，在正义诉求上的不同设定也造成了两位学者在其他问题上的分歧和争论。

(二) 对"正义诉求经验参照点"[1] 选择的不同

今天的批判理论和正义理论都面临着这样一个问题，解放的希望在社会中找到中心焦点，试图通过与社会运动的背景相结合，在政治实践中将规范的中心与历史背景联系。因此，以什么为自己理论的经验参照点能够更恰当地揭示当前社会的内在矛盾变得更具吸引力。霍耐特和弗雷泽都试图在批判理论传统的基础上，发展一种新的批判理论语言，寻求一种规范性范畴，从而达到对社会中非正义的揭示。然而，霍耐特与弗雷泽在达到这一目标的道路上所采取的方式发生了分歧。尽管他（她）们关于平等目标的规定非常接近，但在涉及平等源泉或资源时是有区别的。

对于霍耐特来说，他以承认理论来揭示当前社会中的非正义经验，以蔑视经验来描述社会运动的动力。在这个意义上而言，霍耐特将人们在心理学视野中所遭受的心理感受作为批判的参照点，因为，主体所遭遇的痛苦经历和心理感受的"不敬"可以对主体产生一种动力和期望。主体的身心受到蔑视伤害会产生一种内在的动力和危机意识，而且社会的不合理、不平等、不自由的对待也会对主体产生伤害感受，同时这种伤害心理会转换成为冲突和斗争行动。因此，霍耐特的论证逻辑就在于，试图以说明社会冲突和斗争的模

---

[1] 南茜·弗雷泽, 阿克塞尔·霍耐特. 再分配，还是承认？——一个政治哲学的对话 [C]. 周穗明, 译. 上海：上海人民出版社，2009：157.

式来证明当代社会运动与冲突的内在动力和道德逻辑。

霍耐特在现实中找不到合适的理论资源来解释生活中的不正义问题，于是将目光投向了早期黑格尔为承认而斗争的思想中。通过对主体及主体间性的考量来描述社会冲突的内在驱动力和社会运动的源泉。他力图在这样的批判理论转向上，达到支持批判理论标记性目标——调和内在性的一种实证的外在论和历史的内在论，从而寻求在社会领域的立足点，同时又超越它。但是霍耐特对于内在性与主体经验视为一体，他打算通过从社会主体的种种苦难、动机和期望中导出他的规范概念，把批判、正义与其社会背景相连接。但是就超越性来说，霍耐特采取了一种保护性的态度，以防止规范性的瓦解。他通过保护身份承认的驱动力来寻找一个尚未被政治化的、为形成的日常苦难中的质朴经验的主体，所以，他认为承认代表着所有道德经验的核心和所有规范性的深层逻辑。进而将他的承认一元论置于前政治苦难的道德心理学基础上。

在霍耐特的框架中，主观动机的道德心理学问题假定优先于社会解释和规范证明。因此，激发主体不公正经验的问题为他如何着手处理其他关键的批判任务设置了参数，例如确定政治诉求形成的霸权逻辑，将不公正制度化的社会进程，和裁决各种诉求的规范标准。这样霍耐特很难构建一个真正内在的经验参照点，而是去试图建立一个可行的内在性和超越性的辩证法。结果是将承认放置在人类学的首要地位。总之，在经验参照点上，霍耐特是宁可让道德心理学预先安置每一事物。社会承认关系的正当性应该构成社会正义构想的参照点。

对弗雷泽来说，她并没有首先关注主体经验，而提出去中心的社会批判话语。通过聚焦于构成社会论争和商谈的霸权语法的那种社会正义的民间范式，把批判和其社会背景联系起来，而不是反思未经诊断的经验。而民间范式构成那些剧中调停道德争议和社会抗议的、失去了个性的散漫形式。同样，它们代表一种对批判理论的非主体的参照点。

弗雷泽认为，正义理论的经验参照点应集中在社会正义的日常范式上。正义的民间范式不表达社会主体的任何确定套路的观点，它们也不排他地属于任何一个社会领域。正义的民间范式是贯穿民主社会的、被广泛散播的超个体的规范话语，不仅渗透于政治的公共领域，而且渗透于工作场所、家庭和公民社会组织。因此，它们构成社会参与者能够（并且的确能够）在任何领域中被利用来评估社会安排的道德逻辑。今天正义的主要民间范式是承认和再分配。

弗雷泽的民间范式与霍耐特的方式不同，是非基础化的。霍耐特假定了一个基础主义的复杂结构，其中道德心理学奠定了并制约了社会理论和道德哲学。而在弗雷泽这里，批判理论是多中心的和多样化的。她没有将批判理论的基础规定在一种维度之上，因而，不同于霍耐特道德心理的经验理论在弗雷泽那里失去了它的中心地位。弗雷泽不再局限于对主体动机的首要地位的解释和规范性证明，停止去限制对不公正的原因和对证明诉求的标准的反思。这种非基础元素的多元性启动了一个旨在实现反思性平衡的、相互矫正的去中心过程。并且还使得批判理论同时从当代政治文化学习中保持它的批判独立性。

弗雷泽提出的是一个非基础性的结构，在结构中内在性和超越性两方面的诉求得到了弥合。正义的各种民间范式在社会领域中占据内在的位置，因为民间规范深植于它们内部。但是正义的各种民间范式不是固定的规范性的静态容器。在现代条件下，它们在历史的延伸、社会变革的多维度呈现开放态势。在面临种种新问题的压力之下，并服从于创造性的再占有，被包含在民间法则内部的规范超越它们发源的那个社会领域。弗雷泽用参与平等原则在现存社会领域中寻得一个立足点。同民间范式一样，为批判理论、正义理论创设了一个重要的参照点——非主体的参照点，内在性和超越性的要求聚合在这一参照点之上。正义的日常范式重新安排了正义的规范基础，对于社会结构的安排和再分配原则的确立放置在一个基点上向维度扩展的态势。

霍氏和弗氏之间分歧的关键之处在于：霍耐特的方式定向于深刻的哲学问题，而弗雷泽则是由政治机会主义推动的。"但是对我们在这一点上的讨论具有决定性的，是我们分别为批判确定一个'经验参照点'的努力被两套完全不同的理念所指导：当弗雷泽从正义的民间范式起步的提议仅仅追求将理论定位于当今社会目标时，我的道德心理学反思事实上寻求在社会现实结构中一种准超越的批判证明。"[1]

（三）对正义诉求论证路径的不同

对正义理想诉求的不同设定，对经验参照点的不同选择，使他们在各自的论证路径上也会表现出截然不同的方式和形式。通过对论证路径的不同选择和实践，以达到对正义理想的实现。霍耐特选

---

[1] 南茜·弗雷泽，阿克塞尔·霍耐特. 再分配，还是承认？——一个政治哲学的对话 [C]. 周穗明，译. 上海：上海人民出版社，2009：187.

第四章 承认正义理论的不足与融合可能

择的是一种去形而上学的论证方式，将他的多元正义与人类学和心理学相联系，因此，有着较强的经验意味。弗雷泽的论证则是不同，她以质疑的态度介入霍耐特的理论中，将实践与学术研究相结合，具有很强的问题意识，采取了一种浓郁的经验主义研究路径。

霍耐特始终注重把握时代发展脉搏并不断反思，他从一开始就把目光投向了人类学，并对人类学历史进行了反思，并将其与历史哲学进行比较。因为这是将人和动物区分开来的，并力图将其作为自己理论建构的基础，从而揭示人类行为的自然基础和潜在规范。霍耐特建构多元正义三原则的爱的承认时，采用了英国精神分析学家文尼科特和本杰明的理论成果，以儿童心理的形成过程来描述爱的承认关系；而对于法律关系的描述，则通过对黑格尔和米德理论的反思和回顾，对传统伦理结构下的法律承认关系进行分析，从而实现了对现代社会法律关系的描述，这里霍耐特自然地把与授权行为相联系的主导心理学现象看作是作为道德责任个人而自我相关能力的提高。这只是霍耐特对心理学思想重视的证据之一。事实上，霍耐特的理论建设之初就对社会理论的两条路径——历史哲学和人类学——做出了选择，即更注重人类学思想的挖掘，尤其是前人和当代思想家的理论资源。从哲学人类学立场出发，反思人类行动不变的前提，实际上，是为人类工具行动背后的规范性维度提供说明和合法性证明。对于人类的交往问题，霍耐特引入了米德的"主体间性"、哈贝马斯的交往进化论、福柯的权利分析等思想。就承认政治问题说，霍耐特和泰勒、沃尔泽、麦金泰尔等的思想进行选择性的吸收借鉴，泰勒对现代认同的阐发、沃尔泽对荣誉、平等、地位等问题的阐发，都深深影响霍耐特对人类学关注。索雷尔阶级斗争

143

道德理论模型、普莱斯纳人类学共同体批判模型、当代自由主义政治哲学、女性主义关怀伦理等，这些理论都从不同侧面对霍耐特的承认正义思想产生了或大或小的影响，并深刻地反映到他的论证过程中。

霍耐特这样做的用意至少表明了，他在继承并改造哈贝马斯交往范式的道路上，将目光投向了日常生活领域，为批判理论的规范性研究增加经验性要素，以促进规范性研究与经验性研究的结合。而不是拘囿于德国古典哲学唯心主义的论证框架。同时，他主张将社会承认与规范期待主体的交往关系联系在一起，一方面，使得交往范式突破了语言理论的框架得以拓展；另一方面，自身尊严、荣誉或完整性的心理动机扩展了正义观念的维度，揭示了社会发展内在的道德法则。在去形而上学的研究过程中，融合了人类学、心理学的研究方法，成为霍耐特理论的一大特色。

尽管弗雷泽也一直努力将规范和经验的论证结合起来，力图在这两个维度上实现正义理论的建构，然而弗雷泽的论证则走上了与霍耐特不同的路径。首先，弗雷泽理论的出场就是一个驳论者的姿态，对霍耐特的"再分配—承认"进行质疑，并且这种驳论的态度一直持续到她以后的理论建构中。其次，弗雷泽理论的批判和建构不是直接地提出一个完整的正义理论框架或者是正义核心，而是通过对各场域中的非正义关系的揭露来实现自己的反规范正义理论的建构。因此，在弗雷泽的理论中，这两种路径是交融在一起，同时就弗雷泽的理论而言这两种方法又是相辅相成、相互支持的。

就出场方式而言，弗雷泽在1996年的唐纳（Tanner）演讲的时候，就直接将驳论的矛头直指霍耐特承认正义理论中的"再分配—

第四章 承认正义理论的不足与融合可能

承认"问题。并坚持认为：孤立的再分配和鼓励的承认两者皆不可能充分地克服今天的不公正，他们必须以某种方式得以和解并结合起来。开始了与霍耐特长达十几年的论战，并且波及了许多国家的学者逐渐加入进来。在这场论战过程中，弗雷泽一方面对霍耐特承认理论基础上构建的多元正义提出质疑，另一方面在质疑的过程中不断建构、修正、调整自己的正义理论。在弗雷泽的视野里，她大量借鉴政治、种族、女性等方面的论题和资料来不断反驳霍耐特的论证结果。因此，同样的经验资源在他们两者理论中的作用和地位是完全不同的。同时这也决定了弗雷泽有别于霍耐特的论证方式。

就批判理论和正义模式建构方式而言，她从反规范的角度入手，从现实中的具体的不正义关系和制度不合理处着手来描述现代的正义诉求。这种建构方式的优点就在于避免了构建一个正义理论所要参照的种种要件和负荷的综合考量，而显得缩手缩脚，也为正义理论"接了地气"尽可能摆脱乌托邦理想的拘囿。另外，对于驳论来说论据也是极其有力的，更能有力地回击霍耐特的理论。弗雷泽透过社会中的不正义现象，深刻挖掘其根源所在，致力于寻找不正义现象的制度背景结构，探讨解决弱势群体及被压迫群体所遭受的不正义的路径。在这个过程中，她全面综合了交叉和多元的问题，将这些问题放置在更广泛的国际话语及历史话语中。以平等解放为目标，致力于颠覆所有的权利压迫关系结构。

弗雷泽与霍耐特从不同的维度和方式上，努力在后现代的语境中将规范与经验结合起来，尽管他们的论证路径是不同的，甚至有时候是针锋相对的，但这都不妨碍他们对正义问题的探讨。正是这些各具特色的论证方式，彰显了她们对于不正义问题的敏锐感知及对正义理想的憧憬。

三、霍氏与弗氏承认正义理论融合的可能性

在前面的叙述中我们可以看到,尽管由于在某些概念的认知上产生的不同意见促使霍耐特和弗雷泽两位学者形成了看似大相径庭的理论范式,但是随着讨论和思考的深入,在互相批评与回应的过程中,他们两者有相互靠近的态势。表现为:他们或者是开始采用对方的一些研究方法,或者是参考对方的研究思路,或者是关注同样的社会问题。这是理论研究的必然道路和趋势,也是思想理论能够得到不断发展和完善的路径。从这个意义上讲,霍耐特和弗雷泽二者理论的整合是有可能性和可行性的。同时,对于人类美好生活的期待和追求,对于不正义的修正及对正义的期盼,以及当前的社会发展趋势而言,这场横跨太平洋的正义之争恰恰击中了当前人们关心的核心问题,因此,整合二者的理论显得非常必要和迫切。

(一)两者共享相同的理论资源

霍耐特和弗雷泽在两人共同撰写的《再分配,还是承认?》一书的导言中,就写到他们两者在某些方面还是存在着一定的默契,尤其是在构建理论的初衷、对承认问题的重视程度等方面,他们都分享了相同的理论前提。

首先,霍耐特和弗雷泽的理论初衷和目标是一致的。霍耐特的政治伦理学与弗雷泽的"善的伦理学"前提的一致。他们两者都对社会问题进行了"诊断",并进行了社会病理学的分析,而且都是以各种形式、各种诉求、各个领域的冲突和斗争为切入点。尽

管他们两人诊断的方式不同,霍耐特更注重对人类学意义上的产生随历史而形成的有关于身份认同过程中的蔑视经验,而弗雷泽更倾向于从现实中的各种斗争中获得经验、获取理论支持。但都不妨碍他们对社会现实进行时代诊断和分析,以至于帮助他们达到共同的理论诉求。他们二者展开交流的一个重要结果就是强化了他们之间共享的意识:即在资本主义社会批判理论的话语背景中,将道德哲学、社会理论和政治分析各个层面连接在一起,发展一种能诊断种种紧张状态,并把今天的这些斗争置于社会背景之下的概念。试图通过分析这些不公正现象的原因,找到改进和矫正的钥匙,重新安排社会秩序,形成规范性基础,渴望建立一种资本主义社会的"总体性"理论。

其次,他们重视共同范畴——承认。弗雷泽和霍耐特的相遇就是因为他们对承认范畴的共同关注和重视,并意识到承认对于重建批判理论的中心地位。在弗雷泽与霍耐特的理论中,承认范畴回应了一些需要:第一,他帮助将批判理论定位在当代社会斗争的关系中;第二,它服务于将文化在当今资本主义中的地位理论化;第三,它还承诺提供能够裁定当前诉求的正义的标准。对双方而言,承认以一种适合于当前条件的形式致力于重建批判理论,是中心性的。另一个范畴就是,霍耐特和弗雷泽都对主体间定位很看重。他们都认同统一社会正义的目标必须被理解为社会关系的创造,主体能够在他们没有羞愧或耻辱地公然坚持并践行他们生活方式的意义上,作为完整的社会成员被包容于其中。这里承认的观点与参与平等的观点是相同的:当所有主体对于理解他们的生活目标并非不合理的缺陷和有着最大可能的自由的社会前提的时候,发展和实现个人自治在一个确定的意义上是唯一可能的。然而，在弗雷泽那里的平等原则，在最后一个判断中发挥一种决定性的作用，对霍耐特来说只是作为历史发展的结果开始活动。

最后，霍耐特和弗雷泽共享的理论前提。在对正义的理解上，两位作者共享的根本前提是，"对正义的适当理解必须包含至少两组关系：在福特主义时代为分配而斗争的那些角色排列和今天为承认而斗争的那些角色排列"①。因此，他们也达成了这样的共识："再分配—承认"他们两者关系的一个常见理由是不充分的，我们两人都拒绝经济主义的观点，它会把承认简化为仅仅是分配的一个附庸。因此，不管霍耐特和弗雷泽如何看待再分配和承认的关系，但是他们都试图重新摆置两者之间的关系，从而避开将两者分离开来进行各自批判而出现缺陷，以一种新的批判方式进行思考。而且争辩理论前提的重要性及他们之间关系的分析，对连接道德理论、社会理论和政治分析都是至关重要的，对于如何看待资本主义中的文化价值模式和经济秩序的紧密联系，甚至对于评估他们有分歧的答案并发展一个共同的框架有着重要的意义。

从以上这些方面来看，霍耐特和弗雷泽的相遇是必然的，他们共享相同的理论资源，甚至对社会问题的看法在某种程度上都是相似的。不论他们在后来的争论中是如何的针锋相对、分道扬镳，但是就在这个层次上讲，两者是殊途同归的，这也为我们在详细分析和深刻理解的基础上整合两者的理论提供了可能性。

---

① 南茜·弗雷泽，阿克塞尔·霍耐特. 再分配，还是承认？——一个政治哲学的对话[C]. 周穗明，译. 上海：上海人民出版社，2009：2.

(二) 两者理论建构相近的选择

如果说上文中的理论资源是霍耐特和弗雷泽理论能够整合的可能性，那么在各自方案的制定过程中他们又有几乎相同的选择，这可以理解为理论能够整合的可行性表征。这种可行性是表现在他们建构理论的过程中的，是他们在争论过程中不断靠近对方的结果和反映。这些相同的选择表现在以下几个方面：

第一，在他们理论建构的过程中，表现出一种有特色的内在性和超越性的辩证统一。霍耐特和弗雷泽虚拟一个商谈领域，在这个领域里程序正义不能提供一个替代模式。承认关系中重构正义原则有着更多的现实性，可以寻求带有"正当性盈余"① 的范畴，来完成对不正义现象的揭示。尽管在"经验参照点"的问题上他们两人走上了完全不同的道路，但是对"经验参照点"的辩论恰恰是对内在性和超越性的辩证法的最好演示和说明。两人都决绝地拒斥传统理论的外在论态度，他们声称从天国判断社会安排，要求一种上帝之眼的观点。两人都假定，只有批判在揭露某种意义上是拘泥于那种即将到来的结构的种种张力和可能性的范围内，批判能实现牵引，否则就无法达到批判的实际效果。而且他们两人都寻找发展一种能对我们试图启蒙的社会主体说明事实的批判语言。同时，霍耐特和弗雷泽都拒绝历史上著名的解释学的内在论。不仅满足于说明既有的传统所积淀的种种意义，他们两人都假定，批判理论能够激起激进的潜能，前提是要保持规范，以及使既有者之间的鸿沟保持开放。

---

① "正当性盈余"概念表征了社会互动的道德逻辑。"正当性"即正义的规范性原则，而语义学上的"盈余"，既能当作是正义维度的规范性延伸，也能反映社会变迁过程中的道德进步参数。

他们两人都假定，有效的规范超越产生它们的直接背景。因此，远不是把我们自己局限在严格的内在的批判主义，我们都寻求富有"剩余有效性"的概念。

因此，霍耐特和弗雷泽都支持批判理论的标记性目标——调和内在性的一种实证的外在论和历史的内在论，我们两人都寻求在社会领域的立足点，同时表明超越它。[①] 这种共识是他们二者在不断争论过程中达成的共识，同时这种共识对于客观认识资本主义社会，尤其是后资本主义社会的新问题有重要意义，对保持批判理论的生命力也起到极其重要的作用。

第二，两者在矫正方案上的相通之处。霍耐特的承认正义力图从道德心理学的角度出发，通过从社会主体的种种苦难、动机和期望中，把批判与社会背景相连接，构建一个辩证法式的体系。这一体系包含了前现代社会的爱、现代资本主义社会中的法律、社会重视、文化尊敬等所有可能的维度，尽可能地表现出一种理论自身及理论与现实之间的张力。而弗雷泽从现实社会的冲突及斗争出发，形成了一个以"参与平等"为原则的三维正义理论，并涵盖了经济、文化、政治三方面。他们两者在各自理论框架下对现代社会的不公正、不正义进行矫正。事实上，霍耐特承认中的平等原则和成就原则与弗雷泽的经济、文化、政治三个领域是相互交叠的，平等原则是经济、文化和政治三个维度的前提和保证，成就原则既是人们的生活表达，也是人们期待的生活方式。当然经济、文化和政治三个

[①] 南茜·弗雷泽，阿克塞尔·霍耐特. 再分配，还是承认？——一个政治哲学的对话[C]. 周穗明，译. 上海：上海人民出版社，2009：153.

领域内不正义的矫正对霍耐特承认正义三原则的施行既是一种保证也是一种理论目标。因此，他们的矫正方案不可避免地会出现交叉和重合。但是这都不妨碍他们的最终归宿是经由对多元性和差异性的承认，而达到人道主义的未来，使个体或群体生活的美好设想成为现实。

第三，表征社会不公正话语方式相同——他（她）们总是通过公共话语功能来表征社会不公正感。尽管霍耐特和弗雷泽两个人在不同的文化传统之中——一个有着德国传统的严谨气质，一个表现出新左派的激进特色，但是在对社会不公正现象进行分析的过程中，他们的话语内容在选择上和表达方式上竟然不期而遇，有着非常多的相似之处。对于社会不公正的描述，他们都不约而同地选择了否定性的语言来表征。霍耐特对于不承认现象和社会斗争动力的描述，使用了强暴、剥夺权利、侮辱、伤害等这样的词汇来表示人们在社会中受到的不公正待遇，而且将这种情感反映视为社会现实中道德的实践基础脆弱性、不稳定性、易变性的表现。即使对于被伤害的主体的政治文化环境的构成方式的描述也没有脱离这种话语方式，对于不正义的正方案的论述上霍耐特的论证也是不温不火的。因此，他对社会不公正表达的话语方式既是诊断式的，但也是结论式的；既是温和的，但又是尖锐的。弗雷泽在根本上讲是一位女性主义者，偏左派的理想主义者，但是在构建复合正义理论的话语方式上与霍耐特还是非常相近的，即使弗雷泽比霍耐特表现出明显的激进态度。但是，她对边缘人群、弱势群体、少数民族、"有色人种"、同性恋者等所遭受的不公正待遇，不论是文化上的、经济上，还是政治上的，弗雷泽用拒绝承认（错误承认）来描述。在全球化时期出现了

151

许多不平等的建构，原来基于领土国家的威斯特伐利亚正义观变得不合时宜，弗雷泽用"错误代表权"来描述这种政治上的不公正现象。对于不正义的现象，弗雷泽也在各个维度上提出了相应的矫正方案，然而她也仅仅是提出了"改造式"重组方案。弗雷泽虽然力图保持左翼强硬的态度，但是理论表述和话语方式中不可避免的透露出一种保守主义气质。

就在这个方面而言，霍耐特和弗雷泽的方案整合是必要的，他们在矫正不正义方面的诸多重合，尽管在许多方面不容，但是对于我们更深刻地认识两者的理论，提出更好的正义方案来说，是具有明显的可行性的。

（三）整合两者学说的可能结果

霍耐特的承认正义以社会承认关系质量为社会正义构想的立足点，尽可能地包含了承认的可能的维度。然而霍耐特的承认维度缺乏弗雷泽那种社会学式的详细、明晰而又精确的划分。当出现新问题时只能不断增加内容，造成自身体系最后无限膨胀，臃肿而无序。因此，弗雷泽在正义理论上的"经济—文化—政治"三维方法和霍耐特的承认正义三原则是可能整合的，而且他们整合之后的结果对于我们理解当前社会问题是有重要意义的，可以呈现出一幅关于正义理论的未来图景。我们以下表来表示整合两者学说的可能结果。

<<< 第四章 承认正义理论的不足与融合可能

维度 \ 方法		承认		
		爱	法律平等	社会尊敬
参与平等	经济	一个主体能够进入现代社会的前提，形成健康、完整人格的必要条件。是主体进入三个维度的内在动因	为所有公民生存和再生产能顺利实现提供基本必需品、福利和保障	社会成员凭借自身才能和贡献而获得物质福利和精神荣誉
	文化		为所有社会成员（不论其性别、种族）的文化选择、价值倾向提供法律平等对待	社会成员或共同体特有的文化选择得到社会的广泛认可、欣赏
	政治		为所有社会成员能够平等参与政治生活提供法律保障	社会成员能够自由表达对政治生活的意见

在这个表里，承认和参与平等好似坐标系里的横坐标和纵坐标，形成了一个新的坐标系统。我们就以此图为根据来解释两者融合的这一框架图景。首先需要的说明的是，在承认框架中处于第一位的"爱"的原则。在弗雷泽参与平等的三维框架内没有涉及这一思想，但这并不意味着这一思想对于弗雷泽理论没有意义。因为，在弗雷泽的讨论中，主体能够参与到经济、文化、政治方面的活动中来，就必须是一个健康的、有自我行为能力的个体。这样的主体的形成在弗雷泽的理论中是无须论证的，是每一个主体及主体间必备的能力。对于霍耐特来说，"爱"是一个主体成为一个完整、独立且又是健康的主体的前提条件，是属于"私密关系的中心理念"。在这一阶段，主体不是健全的，是一个逐渐发展的过程，而主体间的界限是不能明确的。只有当主体形成，进入社会领域中，才成为批判理论的目标。因此，平等和尊敬成为两者争论的核心问题。他们之间的辩证关系为我们对其进行整合提供了可能。

在这个整合结果中，"法律平等"和"社会尊敬"两个原则辐

153

射了经济、文化和政治三个维度。首先,"法律平等"是这三个领域能够顺利运行的法治保障。法律为一个正常主体规定了相应的权利,诸如生存权、政治权和言论权,为社会成员提供了生存的基本制度性保障。这样社会成员获得社会尊敬就成为可能。在这样的条件下,社会成员能够在经济、文化方面获得其他社会成员的尊敬,在此基础上,他们有可能获得表达自己政治意见的机会和可能。这些意见可能被采纳、修改或者改进,最后反馈到权力部门,形成相关的政策和制度,进一步推动社会的经济和文化领域的发展。由此,形成了一个开放性的体系,一个由"制度性"到"对话性"再到"制度性"的循环过程。最终的目的就是要促进整个社会成员的健康发展和社会秩序的有序进行。在纵坐标的三个维度中,经济和文化两个维度弗雷泽和霍耐特争论的核心,而政治维度则是弗雷泽创新性的发现,同时也是补充性的。但正是这一维度的加入,使得弗雷泽和霍耐特的争论变得不是单一的、缺乏层次的。政治维度涉及制度、决策的构建与修正,因此,渗透到经济和文化这两个维度的方方面面。在某种程度上,政治维度是对经济和文化两个维度的制度性保证和诉求渠道。

在霍耐特的理论中承认是一个开放性的规范基础,它无所不包以至于成了一个臃肿的、生硬的杂物箱。弗雷泽的"参与平等"概念则是内涵模糊的界定,以至于适用于任何一个维度。因此,我们在两者各自优势的基础上,构建这一图式,尽管还存在着许多问题,这无疑是我们对两者问题解决路径的描述,或者说是我们对未来正义的一种探索。抑或如弗雷泽所努力的那样,我们应该看到我们自己面临着一个崭新的知识和实践任务,即发展一种承认的批判理论的任务，这种批判理论认同和捍卫的只是那些能够与社会平等政治内在结合起来的差异的文化政治版本。这些努力都是为能更好地发展他们两者的正义理论，更好地探寻符合人类追求进步的思想。

第五章

承认正义理论的深层分析和当代中国正义实践

究竟是要正义还是分配，或者是二者兼得，这已然成为当代人们最强烈的内心渴求。正义的目标是超越正义，只有良善生活才是我们的最终归宿。历史上及现在所产生的众多的正义流派和正义观，都是人类在追求正义过程中的一种努力，也是我们跨越现实、超越自身的必经过程。霍耐特和弗雷泽的正义构想是对现代正义尝试的深度结合，但是承认正义就真的能够解决正义的一系列问题吗？这都是值得我们深入思考的。承认正义是在后资本主义时代的理论成果，不仅仅是弗雷泽和霍耐特对于正义问题的理论结晶，更是在这个时代的各位理论家意见的整合。在众多的正义理论话语中，承认正义理论脱颖而出，一方面是因为理论自身的突破，更重要的是承认正义恰恰是对当前的多元主义格局的最好诠释。因此，如何定位承认正义理论是我们更好地认识当下社会政治生活的理论要求，更是我们在新的历史条件下赋予马克思主义理论以新时代特色。承认正义也是当前中国式问题的镜像，是我们构建具有中国特色社会主义正义图景可借鉴的思想资源和理论成果。如何追求政治、经济、道德远景的可持续的人与社会之发展成为当代正义问题的焦点。与当代西方国家相比，当代中国虽然与之共享正义的相同道德直觉，但却分享正义的不同现实逻辑。本章，笔者站在马克思主义正义观的立场上，深入分析承认正义理论得失，借鉴其理论优势并以马克思的"承认"、分配理论的为指导，依托中国的现实国情，深入挖掘并寻找适合当代中国现实的正义路径。

一、承认正义理论的贡献

霍耐特和弗雷泽发起的这场争论掀起了关于正义讨论的一个新高潮，他们对经济全球化推进过程中，社会交往不断拓展与深化情况下的人类在文化倾向和价值选择上的差异现实进行深刻考量，并且这种差异诉求随着时间的累积不断增加，鉴于这些而探索的一种理论建构。这种正义思考作为一种对全球化过程中凸显出来的政治和伦理问题的努力，为正义论辩打开了一个全新的理论空间。他们围绕着"承认—再分配"结合各方意见，不仅勇敢地直面现实，而且果断地抛弃对方的不足，从而不断地修正各自方案。他们都力图在全球化背景下重塑正义理论，力图为批判理论开创新的理论空间和维度。承认正义理论的研究引起了美国和欧洲批判理论家们的广泛关注和辩论，而以霍耐特和弗雷泽为核心的正义理论之辩还在继续。这反映了承认正义理论具有重大的理论和方法论上的贡献。

（一）探索了正义难题解决新路径

在当代，正义问题发生了巨大变化，正义理论或者是由于外部环境发生了巨大变化，或者是内部各范畴之间出现了相互转化、相互限制和新的发展趋势。承认正义在继承前人的基础上，适时调整各范畴之间的相互关系，增加新的内容，在一定程度上推动了正义难题的解决。尽管承认正义内部不同理论家们对于正义的构建存在着差别，但是其理论的具体内容和观点为正义难题的思考和解决提供了借鉴。

1. 承认正义理论对于正义主体的界定提供了新的衡量准则

在当代，各个哲学流派根据各自的立场、视角、目的，选择构建正义理论的主体。然而，随着社会的变迁很多正义理论所设定的主体已经不能适应今天社会主体、正义主体多元化和复杂化的趋势。罗尔斯将"最不利者"——处于社会底层的群体作为正义关照的重点；诺齐克恰恰相反，他认为正义原则应该是关于个人而不应该是关于某个群体的。而其他学者们也在个体与群体之间为自己的正义理论确立合适的主体。承认正义理论家们借鉴他们的经验，根据自身的理论优势，提出了一条新的研究承认正义主体的衡量准则。

单一而又统一的社会环境是不真实的，尤其在全球化的时代背景下，跨边界的相互交往日益频繁，社会环境的结构也日益多元化，区域性的结构与国家的、全球的结构并存，这就导致了正义主体的多元化和差异化。鉴于这样的现实情况，霍耐特和弗雷泽在正义主体问题上都继承了哈贝马斯的重要思想——主体间性理论。霍耐特和弗雷泽用主体间性理论来考察正义的主体，开拓了正义主体确认的新准则。

这是因为，无论是个体还是群体都不能全面地描述正义的主体，或者说单纯地将群体或者是个体视为正义的主体，很有可能会陷入形式主义，或者是虚无主义之中。承认正义理论家们从主体间的角度出发来确定主体，则在现实性、可操作性等方面实现了进步。主体间性的内容是研究或规范一个主体如何与完整的作为主体运作的另一个主体互相作用的。主体间性的另一含义涉及自我与他人、个体与社会的关系。主体间性不是把自我看作原子式的个体,而是看作与其他主体的共在。因此,霍耐特所强调的个人、弗雷泽所注重的群体都是在主体间性的基础上来谈的。这样的正义主体不仅具有现实性、历史性,还具有独特性、广泛性等特点。在很大程度上考虑到了社会主体的变化、多元性和差异性。从主体间性的角度来看正义的主体问题是承认正义理论对正义难题的一个贡献。

2. 承认正义理论对于正义内涵的扩张提供了新的观察视角

传统的正义理论家们通常将正义的目光停留在分配领域,即使是罗尔斯、德沃金、沃尔泽那样的理论家们也仅仅是关注经济不平等。随着正义主体的多元化和复杂化,人们对正义的需求不仅仅局限在分配领域,而扩展到文化、政治领域中。传统的正义理论家们认为,只要在分配领域里消除了不平等,那么人们对其他方面的正义需求自然就实现了。但事实恰恰相反,分配领域的正义根本不能满足人们的正义诉求,在某种程度上人们其他方面的诉求在扩大。承认正义理论家们就是在批判了仅仅局限在某一领域的正义观点,将文化、政治的维度纳入正义范畴,为我们理解正义内涵提供了新的观察视角。

霍耐特的多元正义理论,一开始就致力于恢复"为承认而斗争"的模式,力图从人的道德动机来说明社会发展的内在动力。他将认为如何减少"蔑视"和"不尊重"应该成为社会正义探究的中心,正义理论的研究应注重给予人们更多的精神和政治关怀。更注重从文化层面来实现社会正义,将尊重人们的种族、信仰、价值倾向、文化选择为正义的重要内容。在分配领域的正义里加入了文化正义的维度，扩展了正义的范围，更关怀人们的心理需求。就此而言，霍耐特的多元正义理论是具有进步意义的。他是在新的历史条件下对正义的新的解读和理解，也是在变化的历史趋势中正义的扩展。

弗雷泽的复合正义理论，如霍耐特多元正义理论一样，在批判分配正义之后，加入"承认"的维度。她将主体问题置于整个理论体系中综合考虑，也体现了批判理论注重复杂性的特征。因为批判理论强调要素与整体之间的交互关系，各种社会事件都被看作经过社会总体的中介，表达着整体的矛盾。她把错误承认与制度化的社会地位相联系，要想矫正不正义，就需要改变相关领域的社会制度。因此，弗雷泽不仅在承认的维度上拓展了正义的领域和内涵，而且还在政治维度上拓展了正义内涵。

承认是霍耐特和弗雷泽承认正义维度中的重要组成部分，将文化、政治问题视为同再分配同等重要甚至更重要的地位，彰显了文化、政治维度本身所具有的独立性、自身发展特性等特质。突破了过去人们仅仅把目光放置于再分配的正义，而忽略了文化正义、政治正义的情况。这对于我们追求全面的社会正义，更好地拥有美好生活开拓了理论视角。

3. 承认正义理论对于正义核心的理解提供了新的研究路径

正义理论的核心内容是自由和平等，然而自由和平等如何能真正实现，或者说更全面地实现，这一直是理论家和普通人孜孜不倦所追求的东西。承认正义立足于人们在文化方面的诉求，满足人们在政治上的表达，以"承认""再分配"为线索探寻了自由和平等的实现路径，使人类对自由和平等的追求不再是理想图景。

霍耐特的多元正义理论追求的是一种"好生活"的理想正义模

型。这种"好生活"是以自由为核心,即霍耐特更关注的是自由问题的实现。首先就是要在私密的领域——"爱"的领域里实现主体的个性自由、人格完整、心理健康,在法权领域里实现平等,在社会团结中实现尊重。通过对人类社会三个领域的划分,论证着正义的实现,捍卫着人类向往自由、追求自由和实现自由的内容。关于平等范畴,霍耐特没有弗雷泽那么强调,只是将其融入自由的实现过程中。

弗雷泽非常重视平等,并将参与平等作为自己复合正义理论的规范基础。因此,为了将平等的理念贯穿始终,弗雷泽按照三个领域来规划了平等实现的路径,即经济领域的再分配、文化领域的承认和政治领域的代表权,其中以代表权问题最具特色。主体间性在弗雷泽那里表现为一种媒介作用,它连接了主体的行为与经验知识,繁衍出约束人类行为的规定和制度。也可以说,主体间性的关系模式和人类的知识积累共同导致了社会制度的产生。由此可以看出,主体间性的互动关系对于社会制度产生的重要性。总之,无论哪种形式的改变,都需要制度化力量的介入,矫正代表权的不正义"意味着一种政治,即旨在通过把错误承认的一方构建为社会的正式成员,能够平等地与其他社会成员一起参与社会生活,来克服从属地位"[①]。弗雷泽主张"让建立在三种维度之上的诉求,服从于参与制平等的具有支撑性的规范原则。根据这个原则,正义需要允许所有

---

① 凯文·奥尔森. 伤害+侮辱——争论中的再分配、承认和代表权 [M]. 高静宇,译. 周穗明,校. 上海:上海人民出版社,2009:135.

人平等参与社会生活的社会安排"①。以政治维度为中心，分领域地提出实现正义的路径对于正义的构建有着重要的意义。

总之，尽管霍耐特和弗雷泽并没有提供完美的解决方案来全面完成正义的实现，但是他们都在自己理论框架可能的范围内，最大限度地张扬自由和平等的旗帜，尽力修复自由和平等之间的裂痕，实现正义的美好社会。

（二）拓展了批判理论发展新空间

霍耐特和弗雷泽是法兰克福学派批判理论在德国和美国的代表，这为很多学者所接受和认可。但是，在这场争论中，一个重要的问题是，如何看待马克思所开创的政治经济学批判范式，如何看待阶级斗争，他们是否已经过时或者是为其他的范式和形式所代替，社会主义的理想目标又该如何定位。另一个重要的问题就是，法兰克福学派创立以来的批判理论资源是否到此就已经耗尽了全部的生命力，抑或是这场争论为批判理论的发展开创了新的发展空间。我们的答案应该是肯定的，即使是作为法兰克福学派嫡传的霍耐特在对待工业文明已经不能和前辈那样态度鲜明，但还是努力在批判的脉络上重建后期资本主义。而弗雷泽首先是一位女性主义理论家，她的正义理论话语中一直透露着鲜明的女性主义特色，其次才是她对法兰克福学派批判精神的继承。因此，弗雷泽为批判理论引入了浓厚的性别色彩和特殊的研究视角。

在法兰克福学派的历史上，马克思主义政治经济学批判从霍克

---

① 南茜·弗雷泽. 正义的尺度——全球化世界中政治空间的再认识 [M]. 欧阳英，译. 周穗明，校. 上海：上海人民出版社，2009：69.

海默和阿多诺那里开始被边缘化，到了哈贝马斯那里将关注的重点转移到交往概念，则使得这种批判范式被彻底抛弃。霍耐特的理论是对哈贝马斯的进一步发展，他更加关注人的心理动机和历史的文化因素，具有更强的文化主义色彩，他建构的多元正义理论，以承认为一元论基础，用道德动机来解释社会斗争的动因，用蔑视形式来说明社会发展的过程，进而为资本主义社会提供一种分析框架和矫正图式。应该说霍耐特的批判力度已经大不如从前，批判的深度也逐渐走向心理层面。霍耐特的三种承认原则以为穷尽了正义的全部意义，但作为一个正义理论它并不是完善的，甚至在霍耐特不断填塞各种东西的过程中成了一个杂物箱。在霍耐特的承认正义中，将批判理论和承认正义联系起来，从人的心理道德及那些更为私密的关系和程序正义所不能触及的领域给予关注，将政治伦理生活领域的批判提升到学派的研究重心上来。在这个意义上讲，霍耐特并没有抛弃法兰克福学派的批判精神，而是在新的历史条件下进行了一定的转向，不再固执于对工业文明的仇视，而是在接受现实的前提下进行新的反思和批判。霍耐特的承认正义思想既是对法兰克福学派批判传统的扬弃，更是对法兰克福学派困境的突破和批判传统维度的拓展。

作为一名当代女性学者，弗雷泽总是无意识地在自己的文章中表明她的立场和观点。事实上，正如弗雷泽自己所表明的那样，她的理论起点一直与新社会运动（特别是第二波女性主义）相关联。而这里的新社会运动指的就是争取社会身份、性别权利的女性主义运动。因此，弗雷泽从各个角度分析了女性在社会中的非正义现实及争取正义的途径。她以社会身份的话语建构为切入点为女性主义谋求权利，逐渐构建三维正义观。在男性群体的话语体系的社会历史背景中，关于少数群体——民族、种族、性别的种群的话语争论此起彼伏，而这些问题的争论又与社会的话语霸权相互交织在一起。要想实现社会的平等，还要把这种话语霸权的危害去除掉，从而将经济、文化和政治三个领域通过再分配、承认和代表权各自分开，构建出一幅可行的民主实践图景。由此，弗雷泽的方案从这三个独立的领域开始实现对各个方面的矫正，力图在政治实践中为营造一种能够充分体现女性主义的话语系统，从而推动在政治实践中获得其平等地位。

另外，弗雷泽的正义理论又是对批判精神的继承和发挥。弗雷泽曾说："许多分配正义的自由主义理论家认为，承认理论携带了不可接受的共同体的行李，而一些承认哲学家评价分配理论是个人主义和消费主义的。而且，这些概念每一个都从更远的领域引申出批判。"[①] 这样，弗雷泽以一个女性主义者的视角开始批判反思霍耐特的承认理论，又在反规范性基础之上构建政治哲学理论。她在参与平等的正义原则支配下，建立分配、承认和代表权的正义观，唯此才能真正建立科学的当代批判理论，并发挥其正义的建构作用。弗雷泽正义思想的最大特点就在于，她对制度框架下的非正义现象进行了深刻的批判和分析，即要想解决各领域中的非正义问题就要抛弃那种制度化框架对社会成员的限制。这也是弗雷泽复合正义思想的批判精神根本所在。从这个方面来说，弗雷泽的复合正义构想更

---

① 南茜·弗雷泽，阿克塞尔·霍耐特. 再分配，还是承认？——一个政治哲学的对话[C]. 周穗明，译. 上海：上海人民出版社，2009：8.

恰当地表达了正义理论的当代实践旨趣，也更好地描绘了对未来政治制度建构的图景。

虽然霍耐特和弗雷泽在批判理论发展方向的拓展方面走上了截然不同的道路，批判的力度也有着区别，但是他们不约而同地将发展"能对我们试图启蒙的社会主体说明事实的批判语言"① 为己任。所以，他们的理论成果都既想要摆脱规范研究的束缚，又想要恢复经验研究的范式，同时还力图整合后现代的解构方法；他们的理论成果既带有批判和反思的品质，又洋溢着对未来的展望；这种研究既综合学派的传统，又要结合现实需求。他们构建了新的正义理论范式，拓展了批判理论的批判维度，推动了法兰克福学派在当代的理论转型。

（三）整合了正义思潮纷争新局面

承认正义思想的核心主题是当前社会冲突和斗争问题，根本上讲是全球化时代的社会正义问题。由于承认正义是在当代西方政治哲学框架内展开的，所以，对承认正义思想的解读，我们可以看到一条当代西方正义理论发展的脉络，也看到承认正义在众多正义思潮涌现的情景中努力将其整合的企图。这些思潮有：功利主义将其解读为效用最大化；自由主义者则将其视为公平或权利；社群主义将正义理解为公共善；多元主义眼中的正义则是平等的文化承认；承认正义则主张再分配、文化和制度上的相互承认和平等，为人们能有好生活，实现好社会而努力。他们从理论层面的论争到实

---

① 南茜·弗雷泽，阿克塞尔·霍耐特. 再分配，还是承认？——一个政治哲学的对话[C]. 周穗明，译. 上海：上海人民出版社，2009：153.

践层面的表达，所表明的恰恰是在对人与社会正义关系的理解上，要么将自由平等的个体视为正义的出发点，要么将同质性共同体或文化社群作为正义之目标，或者在经由起点而实现目标的社会过程不够彻底。当代西方正义理论辩驳的实质实为对于人的存在方式的不同理解，进而导致了对于属于人的正义的不同构想及实现方式的不同。

罗尔斯是当代西方正义理论的集大成者，其正义理论是对西方社会深刻反思的结果。罗尔斯设计了一个基于原初状态中自由、平等和理性的个体，借助于"无知之幕"的假定来试图解决具有强烈现实性的自由民主社会严重分化的贫富差距，以此条件下所选择的正义原则来缓解现实生活的矛盾和冲突，实现一个能够保证个体自由权利的正义而稳定的社会。与罗尔斯不同，诺齐克是古典自由主义的代表人物，他采用普世教会主义的胸怀，以经济学的方法对个人的自由和权利进行了深入的探讨和剖析。通过精确的学术探讨和深刻的政治关怀的结合，论证了人的权利和自由的超功利的正当性与优先性。他们二人就"平等"和"自由"两个核心问题提出了各自的理论依据和原则，并展开了激烈的争论。然而在如何实现或是接近这个目标上缺乏说服力，因此，也受到了来自各方的攻击和质疑。

对自由主义最先进行攻击的就是社群主义，其理论武器则是共同体，其哲学基础是新集体主义。社群主义者的目标是要以社群为出发点，强调社群对于自我与个人的优先性，力图修正自由主义对个人自由发展、自由表现或人生观的看重，但不是要取代自由主义。从不同角度批判自由主义的理论，并重新思考社群的意义，企图恢复濒临垂危边缘的社群意识。另外，社群主义者看重社会利益的表现形式，认为理解人类行为的唯一正确方式是把个人放到其社会的、文化的和历史的背景中去考察。社群主义不仅干预社会组织（例如家庭、学校和社区），而且干预价值源泉（历史的、文化的和道德的对话）。但是社群主义更重视个体生存方式的必要性，但这也很容易造成共同体的不稳定，从而造成对个体的束缚以及共同体的解散。

另外一种声音就是来自文化多元论，他们的正义主张聚焦于对不同文化群体的承认与包容，理论关怀点在于对多元文化群体的平等诉求。多元文化主义由于倡导每一种文化或生活方式都具有不可剥夺的正当性，没有哪一种价值选择更具有优先性的主张，使其在对主流话语的批判中彰显了自身的矫正价值，从而得到更广泛的认可和支持。这种主张强调了身份的差异和不同，并力图为这种不同提供合法性证明。然而，这种正义主张在某种程度上忽略了经济问题在社会发展中的作用，用文化的多样性掩盖了社会发展的根本动力，甚至是修饰了社会中的斗争和压迫问题。而且还将差异与压迫、剥削混同，因此，正如鲍曼所言"并非每种差异都具有相同的价值"[1]。在某种程度上讲，多元文化正义理论与自由主义、社群主义之间的关系是暧昧不清的，因此，这也就造成了多元文化主义的正义主张不够激进，对于正义发展和实现的最终目标都有所缺失。

承认正义与自由主义、社群主义和文化多元主义之间的关系是错综复杂的，这一理论中总是带着这些理论的身影，甚至是问题的

---

[1] 齐格蒙特·鲍曼. 共同体[M]. 欧阳景根, 译. 南京: 江苏人民出版社, 2003: 96.

纠结，有时候又是他们批判的对象。承认正义从主体性问题入手，关注人的自由与解放，同时也希冀获得更多的平等权利。他们重视少数群体的差异性，并以此为切入点矫正结构性不正义，从而为人的自我发展和自我决定扫除制度化障碍。同时，承认正义又关注现实社会中的问题，力图构建一个自由平等的好社会，试图给予社会斗争与冲突以新的解释，为人的自由和发展提供动力学解释。但是，承认正义者的论争及对未来美好生活的设想出发点和最终目标是合理的，然而实现的过程中却存在着不彻底性，有时甚至就在所批判的框架内循环，结果依旧不能逃脱主流政治哲学所设定的框架，而使得实现正义目标之脚步显得步履蹒跚。

二、承认正义理论的缺失

霍耐特的承认理论在建构过程中，不仅恢复了黑格尔"为承认而斗争"的社会伦理关系模型，而且借鉴吸收了米德的社会心理学重构了黑格尔的承认学说，利用费希特知识学的主体性原则来阐述承认理论，继承和发展了哈贝马斯的语言交往理论，同时还对马克思理论中的思想进行了继承、发展和改造。又在与各个理论家的论战过程中发展了承认正义理论。当然，不论是霍耐特的多元正义理论，还是弗雷泽的复合正义理论，他们将正义问题拓展到全球范围，要求建立对话基础上的全球民主制度，实现社会成员对自由和民主的诉求。然而，由于这一理论尚在发展过程中，还有其思想立场的原因，会导致理论分析、建构和实践运用中出现各种缺失。由于他们都非常重视"承认"维度，霍耐特甚至将"承认"置于规范性基础地位，弗雷泽也将代表权置于基础性地位，因而遮蔽了正义的经济根源。最终导致承认正义理论成为一种对后资本主义的宏大叙事，在实践层面承认正义最终成为一种乌托邦式的正义幻想。

对我们而言，要分析承认正义理论一方面要立足于承认正义理论本身的理论内涵和逻辑脉络，另一方面还要借助于恰当的坐标系来进行考量，更要将理论放置在人类发展的未来图景上。只有立足于人类未来的立场上，关心人类发展质量，我们才对于承认正义理论的困境无所遮蔽。这里，我们立足于马克思正义论的思想内容，并结合国内外学者的态度将简陈一二。

（一）马克思主义的正义论视野

纵观霍氏的理论成长过程，分析其学术成果，我们不难发现霍耐特与马克思主义的理论也有着千丝万缕的关系。霍耐特继承了马克思理论中的斗争取向，认为"马克思从来都没有以系统的方式，把社会阶级冲突（这可是构成他的理论核心的）理解为一种具有道德动机的冲突形式"[1]。霍耐特较早地关注了马克思的"社会劳动""斗争"等概念，同时分析了马克思对社会病理学的贡献。因此，我们有必要对马克思主义的正义论相关概念进行梳理，从而能够更好地理解分析承认正义在今天的意义。

如果说霍耐特和弗雷泽的承认正义是对资本主义社会发展中问题的矫正，那么马克思主义的正义理想是通往对未来社会的现实途径。为现代民主制寻求道德基础的承认正义对现代社会生活的困境提出了一种思考的方案，即在社会物质基础已经能够满足人们的基

---

[1] 阿克赛尔·霍耐特. 为承认而斗争[M]. 胡继华，译. 曹卫东，校. 上海：上海世纪出版集团，2005：157.

本生存的历史条件下，社会发展的理念如何调整，基本的社会制度应如何安排，以实现和保障人们的基本自由和权利。它秉承了马克思主义的批判精神，都对分配和承认问题予以正义关怀。但是这两种正义观又走上了完全不同的道路。马克思主义的正义观是以历史唯物主义为基础批判资产阶级正义观的意识形态本质，揭露资本主义社会的非正义性质，是在对资本主义和社会历史的批判中确立的，是对资本主义社会之后必然出现的社会的设想。因此，我们也以分配和承认为线索来审视马克思主义的正义思想。

1. 马克思主义理论中的承认观

马克思那里虽没有严格意义上的承认理论，但是黑格尔《精神现象学》中的承认论题对马克思产生了重要影响。马克思非常看重黑格尔对于劳动的分析，既接受了黑格尔关于劳动的思想，不同于黑格尔的是，马克思将劳动放置到现实领域中，他将劳动看作"我们每个人在自己的生产过程中就双重地肯定了自己和另一个人"。劳动是人通过有目的的自身活动来调整和控制自然界，为人类的生活和自己的需要服务。对于承认论题来说，马克思认为正是在自由劳动的过程中，人不断地认识自我和认识他人，即我的人的本质。只有在自由全面的劳动过程中，人们之间才能获得真正的相互承认。因此，在马克思那里，劳动则被看成一种积极的相互承认的直接形式和主导形式。在这一基本观点之下，马克思承认理论内涵则表现于以下几个方面。

首先，在马克思那里劳动是生产，人在劳动中能动的、现实地复现自己，在他所创造的世界中直观自身。他反对黑格尔把劳动视为对处于弱势主体出于对死亡的恐惧而不得不接受的奴役，相反将劳动视为将彼此间孤立的人连接起来，而不是依靠其他的媒介的手段。人类历史也是在劳动的基础上发展和展开的一个多层次的、复杂的、发展着的有机体。"我们每个人在自己的生产过程中就双重地肯定了自己和另一个人"，也就是"在我个人的活动中，我直接证实和实现了我的真正的本质，即我的人的本质"。当一个人能够摆脱束缚，实现自由劳动，那么他就达到了真正的自由，且人正是通过自由劳动而实现相互承认，在精神上也达到了"我认识到我自己被你的思想和你的爱所证实"来实现目的。①

其次，马克思把黑格尔抽象的承认理论转向了现实领域。马克思通过对剩余价值的产生过程及资本循环的深刻描述，揭示了资产阶级的实质。通过对资本主义实质的批判从而达到对资本主义制度的批判，以及对资本主义制度下人的生存状态的批判，从而资本主义对人的尊严、自尊和奴役展现出来。社会的根本矛盾由主奴关系变为阶级对立，社会革命的任务就是要将无产阶级从经济的束缚中解放出来，实现人的真正的承认，解放也就成了摆脱异化的道路。因而无产阶级的解放则成为现代政治哲学的实现问题，无产阶级则义不容辞地承担起了这一重担。虽然这个"戴上彻底的锁链的阶级"必将通过劳动和斗争使自己获得解放，但是他们争取的仅仅是最一般的"人的权利"和"人的本质"，即摆脱自身被资本的束缚和压迫，实现经济方面的自主和平等。

最后，承认的形式问题。"工人阶级的解放是全人类解放的政治

---

① 马克思. 1844 年经济学哲学手稿 [M]. 北京：人民出版社，2000：183—184.

形式"①，而国家则是工人阶级实现承认的必要方式，也是对利益分配、协调，对社会成员基本行为影响和制约的重要保障。国家是社会在一定发展阶段上的产物，是最强大的、在经济上占统治地位的阶级的国家。他能够协调经济利益互相冲突的阶级，不致在无谓的斗争中把自己和社会消灭，能够缓和冲突并把冲突保持在"秩序"的范围内。正是在国家这种承认形式下，无产阶级所要求的承认，即"我没有任何地位，但我必须成为一切"②，才成为可能。

马克思的承认以批判异化劳动理论为基础，达到对资本主义社会中承认、尊严和奴役的本质的无情批判，进而实现人的真正的本质。对于劳动问题，霍耐特也进行了解读且是其构建规范性基础的第一步。他虽没有将劳动视为承认关系的基础性位置，但他的批判潜能和规范基础都是从对马克思劳动概念的解读中获得。弗雷泽也对家庭生活、社会劳动中性别分工进行了深刻分析，虽然不是霍耐特那种力图作为规范性基础来进行批判，但是对于社会劳动的逻辑分析恰恰是对参与平等原则的进一步证明。总体而言，他们都没有从人的本质的实现角度来理解劳动。马克思的劳动范畴是一个内涵丰富的综合性体系，在纵向上它有着深厚的历史继承，是古典经济学的继承；在横向上它涉及面积广，既有经济学的内涵，又有黑格尔精神哲学的人类生成含义和费尔巴哈人本主义的类本质的诉求等多重思想内涵。因此，以劳动为基础承认具有坚实的物质基础和强烈的政治实践意味。相对于霍耐特和弗雷泽的承认来讲，马克思的

---

① 马克思. 1844年经济学哲学手稿［M］. 北京：人民出版社，2000：62.
② 马克思恩格斯选集 第1卷［M］. 北京：人民出版社，1995：13.

承认更有助于实现人的权利、尊严和团结。马克思主义是一种行动纲领，而相比于其他任何主义，它的行动特色更为鲜明，更具有现实性。

2. 马克思主义思想中的分配正义

在对资本主义社会劳资关系批判的过程中，马克思构建了唯物史观，并对未来社会进行了论证。在此基础之上，马克思形成了自己的较为系统而又完备的分配正义理论，这个正义理论由两部分组成，一部分是作为分配正义前提的社会生产方式及社会基本结构的理论，另一部分是对分配原则的设想。马克思不仅对资本主义社会的生产关系、社会结构及分配模式等方面进行了深刻的批判，还对未来社会——共产主义社会的分配方式提出了正义原则。我们在这里并不是要完整地论述马克思主义的分配正义观，而是择要论述，并对霍耐特和弗雷泽谈到的再分配进行比较从而加强对其的理解。

分配正义理论归根结底是一种通过物品、资源的分配，使所有主体的独立自由平等权利得到规范承认的正义学说。一般来说，冲突首先始于资源分配的纷争。在霍耐特和弗雷泽的视野中，再分配曾是福特主义时代的道德哲学和社会斗争的中心。在今天，分配不公虽未消失，也不可能被漠视。然而，他们不是如其他理论家那样深刻分析分配正义，而是将再分配与承认放在一起进行分析，更多地是为了说明承认问题，而不去深究分配不正义产生的根本原因及解决办法。殊不知，只有真正弄清分配问题，才能更好地理解承认问题，才能更好地解决承认正义中遇到的诸多困境。马克思主义的分配正义问题恰恰弥补了他们的这种不足，对于我们更全面地看待承认正义有着重要的启发意义。

就分配主体而言，马克思的分配主体是历史上最为广泛的主体范畴，他很少谈及女性、"有色人种"等特殊人群，而是用劳动者来指代一切人，这劳动者通常是指工作生产在第一线的工人阶级，即无产阶级。这些劳动者是人类历史尤其是资本主义社会的财富的创造者。因此，马克思在很大程度上扩展了正义对象，其正义主体具有承认正义主体不可比拟的广泛性。

对于未来社会，即共产主义社会（包含其初级阶段的社会主义社会），作为资本主义社会的替代社会来说，其分配如何进行呢？当然，这里我们要分两个层次进行分析：一方面，是对生产资料的分配；另一方面，是对社会产品在社会成员中的分配。对于前者而言，主要是与每个社会的生产方式相联系，并且每种生产方式都包含着与其相对应的分配模式。对生产资料的占有形式决定了对资源的分配方式，以及各阶层人们对生产资料的占有形式和劳动关系。同时，对生产资料的占有形式还影响到社会产品在社会成员的分配原则和形式。这与马克思的唯物史观基本观点是紧密相连的，是根本性的观点。在这个理论前提之下，马克思对于在资本主义以后的社会主义和共产主义社会的分配方式提出了以下原则：按劳分配和按需分配。这两个原则适用于无产阶级或无产阶级政党。

在社会主义社会，鉴于生产资料的所有制形式，同时为了体现公平和效益的原则，马克思提出了一种新的分配方式——按劳分配和按需分配。这一分配原则既保证了对社会总产品的满足，同时又尊重了不同劳动者所做出的不同的生产贡献。这既是对他们作为人的承认，又是对他们人的基本权利的肯定，承认和体现了权利平等的原则，初步实现了实质平等。对于按劳分配的局限，诸如财富的不平等、社会优势资格的认定等，在共产主义阶段得到改善。在这一社会里，"各尽所能，按需分配"成为分配原则，这一分配原则不仅克服了收入差别导致的社会阶层的形成，而且进一步促进了人的发展和社会正义的形成。概括地说，社会主义的正义与平等紧紧相连，共产主义的正义与自我实现相连。在马克思主义的分配理论中，既兼顾了平等同时也注意到了自由，而且对于这些理想的实现提供了可行的路径——劳动。

霍耐特并没有深刻挖掘再分配中的思想，仅仅是将其看作承认的一种形式来对待，只是简单地对待资源、收入等的分配不公，而对这种不公正用承认来解决，这似乎并不能从根本上解决问题。而弗雷泽似乎抓住了马克思主义关于分配正义的某些原则，即社会主义的改造方案，她提供的整合方案力图模糊群体差异，对生产关系进行深层重构。这种改造方案却不涉及对生产方式上的根本性变革。因此，尽管承认正义者们在某些方面对正义进行了深刻反思和重构，但是他们提供的方案也只是竭尽全力去提供一种改造的方案来挽救资本主义，并没有将正义的目标指向资本主义社会本身的不正义。

3. 马克思主义中的自由平等思想

在霍耐特和弗雷泽那里，承认正义争论的中心是"再分配—承认"和他们之间的冲突。在马克思这里，承认问题是在劳动基础之上的，分配问题是与生产力相关的，都是有关唯物史观的基本问题，并不存在任何的争议。有人否认马克思有自己的正义理论，但是在唯物史观的分析中，无处不闪烁着马克思主义正义思想的自由与平等之火花。

一直以来，尤其是在西方的传统里，正义总是与国家的制度和法律相联系，甚至被看成评判制度合理性的重要杠杆和价值尺度，也是人们不断追求的理想目标。即使是承认正义思想家们也继承了这种传统。但是，在马克思那里，评判社会的根本杠杆在于生产力的发展水平及由此决定的生产关系，因此对正义的衡量标准也转移为对生产力的促进方面。由此，正义的实质在于人民的利益（如自由和权利），即人民利益是判定正义的最终标准。

从马克思的一生来看，他虽未有专门的人的理论著述，但始终将对人的发展的关注放置在首要地位，并从社会发展的具体情境，尤其是在资本主义的生产方式中考察人的生存境遇，考察人的自由平等问题。马克思通过分析批判资产阶级的正义理论，揭示其意识形态本质，论证了资本主义社会的实质非正义性，从而确证了资本主义社会是一个剥削、压迫、奴役、异化和不平等、不自由的社会。"资本主义的买和卖是在流通领域或商品交换领域的界限以内进行的，这个领域，确实是天赋人权的真正乐园。那里占统治地位的是自由、平等、所有权和边沁。"[①] 这些都是对资本主义社会的粉饰，没有真正意义上的自由可言。马克思接受了黑格尔关于"自由是不断发展"的思想，进而开始对对自由进行辩护的社会正义也要不断地发展变化进行论证。同样，自由不单纯是一种道德诉求，而是现代伦理生活的必然要求。但是，马克思认为构成自由、平等及现代精神生活的基础是由生产力水平决定的物质生活状况决定的，而不是黑格尔所指绝对精神。

---

① 马克思. 资本论：第1卷 [M]. 郭大力，王亚南，译. 上海：上海三联出版社，2009：199.

第五章 承认正义理论的深层分析和当代中国正义实践

就一般意义上平等来说是指：政治、社会或经济地位处于同一水平，没有或否认世袭的阶级差别或专断的特权。在马克思那里，则是指与生产方式紧密相连的，人的相互关系中所体现出的原则。脱离生产力水平谈论"平等"，人们是无法追寻平等价值评判标准的，生产力发展水平决定物质资料占有方式的形式和内容，从而最终决定平等价值的实现。同样，没有物质资料的充分和平等，自由不仅不能真正实现，无法落实到每个个体，而且还会阻碍社会的进步和发展。而就平等与自由的关系而言，马克思认为平等是自由的基础，平等与自由之间是相互协调、彼此依存的。在对资本主义社会的分析中，马克思深刻地了解到私有制社会的病理和症结，只有实现生产资料所有制的根本变革，才能真正实现人的自由和平等。在今天，自由和平等依然是社会生活中的重要主题，甚至现今的许多西方著名学者也开始重新审视和检讨他们对待自由和平等的态度，重新摆置两者的位置、调节两者之间的关系，努力在新的条件下实现自由与平等的统一。

我们可以看出，马克思是在对社会生产力发展水平及由此决定的社会关系的范围内深入思考了正义、自由、平等等范畴的内涵。尽管马克思从未明确地定义过正义，但是他对正义的讨论却从未脱离过社会基本制度的规定。把握马克思正义的关键在于，他坚持正义是维护自由与权利的事业，但马克思也坚持认为，自由与权利不应是少数人的特权，马克思正义观的实质在于人民应当成为自由与权利的主体。

马克思主义的正义观在对资本主义的社会现实考察，完成了三个方面的批判和超越。第一，经济批判，对资本主义私有制及其所造成的对资本的无限崇拜进行深刻批判。倡导无产阶级通过对生产资料的占有，实现生产资料公有制和自身的统一。第二，政治批判，对资本主义社会的政治制度和国家行为进行无情揭露和批判。号召无产阶级进行革命，建立无产阶级的政权，从而实现真正的民主和自由。第三，社会批判，对资本主义社会下的人的生存状态进行深刻剖析和批判。倡导人的自由和全面发展，实现文化上的真正自由和平等。这在实践批判与价值诉求两个维度上，体现着马克思政治哲学的时代精神和情怀。

马克思主义的正义视界有着旺盛的生命力，基于历史视野、实践思维方式及人类解放的价值诉求而展开的对公平正义的追求仍是其社会使命，并努力在经济、文化、政治等各个方面实现人的一切权利的平等。

(二)"承认"维度对正义的损害

在承认正义理论中，霍耐特和弗雷泽都义无反顾地将承认放置在一个首要的位置。霍耐特更是将其作为自己理论建构的规范性基础来看待，弗雷泽也将承认放置在和经济同等重要的位置来看待。殊不知，承认作为正义的一个重要维度有着自身不可回避的问题，甚至会损害正义理论的构建和实践。

1. "承认"遮蔽正义的经济根源

在对正义理论的构建中，承认理论家们对如何放置经济维度产生了分歧，但相同的是他们都没有将其放在基础性的首要地位。对于霍耐特来说正义的基础性规范是承认，对于弗雷泽来说认为代表权处于基础地位决定着整个正义理论的框架。然而，他们都忽略了在动态的历史发展过程中把握正义的实质，忽视承认、代表权背后深刻的经济根源,生产方式对于正义的根本性的决定作用。

霍耐特和弗雷泽都受到马克思的深刻影响,都注重对马克思的经济平等的要求,始终坚持经济分配作为正义不可化约的一个重要领域。然而,他们对待经济领域的态度是完全不同的:霍耐特在多元正义理论中将分配置于承认的派生物,弗雷泽延续了马克思在经济方面的观点,但是在再分配、承认和代表权三者中选择了代表权作为基础。她则明确提出:"任何站得住脚的社会主义后续方案,都不可能为了支持文化差异而放弃对社会平等的承诺。否则,将在事实上与占支配地位的新自由主义达成共识。"①

霍耐特主张:一个社会的文化和它的规范性结构是社会资源分配和经济关系的基础,文化不仅不是上层建筑,而且是社会的基础。与哈贝马斯相比,霍耐特的理论具有更彻底的文化主义色彩,而忽视了对文化冲突产生的根源的探索,结果造成了"道德动因"与"物质动因"的分离。他把承认的正义规范作为实现推动社会进步和发展的根本动力,忽视了经济因素在社会变革中的真正作用,使问题本末倒置。而弗雷泽的代表权问题也面临相似的问题。她以代表权来建构正义理论,既是对全球化历史趋势的反映,也是对正义主体的范围和途径的新选择,更是给再分配和承认诉求提供合适的舞台。她认为,在经济非正义和文化非正义之后是政治非正义,他们导致的一个共同结果:一些人被阻止与其他人平等的身份参与社会交往。她注意到全球化对正义主体的范围延展出国界的限制,将正

---

① 南茜·弗雷泽. 正义的中断——对"后社会主义"状况的批判性反思[M]. 于海青,译. 周穗明,校对. 上海:上海人民出版社,2009:4.

义问题拓展到全球范围，但是没有将人与人的这种交互性关系放置在社会物质条件中把握而没能把握主体的本质。这是因为，她只看到了调整人与人之间相互关系的因素是某种社会结构，而没有深刻挖掘这种社会结构的决定性因素是什么，未能结合社会生产方式发展变化来进行考察。无疑要割裂经济与文化领域、政治领域之间的关联，进而忽视了经济根源的根本性原因。

霍耐特从人类学的视角用"承认"范畴构建了一个多元主义的正义论，弗雷泽从"反规范"的视角以"代表权"为核心构建了一个复合正义论。他们都从文化或政治的层面对当前的正义问题进行了剖析，唯独忽视经济因素。殊不知，如果脱离了社会生产来剖析正义，就不能真正理解正义的起源、内容、实质及其历史演进，也不能提出根本的解决途径。即使是提出了一定的正义理论或矫正方案，也只是片面地或局部地解决非正义问题。马克思主义恰恰是立足于生产方式来剖析正义，力图通过生产方式的变革来实现社会正义。如果试图从道德或思辨哲学的角度去矫正社会不公正现象，必然不能发现问题产生的真正根源，也不可能真正解决这些问题。

2. "承认"降低社会理论批判力度

霍耐特和弗雷泽作为法兰克福学派的继承者，他们不仅继承了法兰克福学派所开创的社会批判理论传统，也打上了马克思主义批判精神的烙印。他们致力于"要探求的并不是那些从根本上来讲全然不重要的形式上的法则，而是关于我们的生活及其意义的物质表述"[1]。通过对社会制度、社会结构等现状进行批判以达到对正义的

---

[1] 霍克海默. 霍克海默集 [M]. 曹卫东, 译. 上海：上海远东出版社，2004：15.

描述。然而，他们将"承认"置于正义的重要地位或者说是核心地位，结果是把社会理论批判的力度大大弱化。

霍耐特的多元正义理论以"承认"概念为基础，以道德心理学为正义的研究起点，深入社会冲突的道德动因来描述美好生活，构建多元正义理论。但归根结底，霍耐特的多元正义理论也不过是一种伦理正义观。因为，"承认"关系从本质上来讲是一种伦理关系，是应然的结果，而非必然的，那么霍耐特对资本主义社会批判的力度就显得不那么强烈和深刻。正如霍克海默所说的那样，"虽然批判理论对社会变化的个别步骤有着深刻的洞察，虽然批判理论的要素与最先进的传统理论符合一致，但它除了关心铲除社会不公正之外，对社会变化并没有什么特殊的影响"。① 实际上，霍耐特虽然仍以复兴批判理论为自己的使命，并且试图摒弃各种冲击实现批判理论的伦理转向，然而他的批判触角再也无法深入资本主义社会的经济深处，而对工业文明的态度更是遮遮掩掩，暧昧不清。他的批判已经变成建立在道德文化伦理上的隔靴搔痒。

弗雷泽恰恰相反，她反对霍耐特将社会经济关系还原为文化关系，认为将社会批判理论降低为道德心理学是错误的。弗雷泽把社会分成三个领域——经济、文化和政治，对每一个领域都设计了相应的解决办法。最为重要的是，她重视承认的维度，但并没有迷失在"承认"的不加限制的蔓延中，而是强调经济平等的重要作用，但更看重代表权的主导效能。希望通过政治制度的完善来恢复道德、法律与政治之间稳固的、正当的联系，重塑社会秩序，实现平等民

---

① 霍克海默. 霍克海默集 [M]. 曹卫东，译. 上海：上海远东出版社，2004：210.

主。尽管出身于新左派，弗雷泽比霍耐特具有更强烈的批判意识和激进思想，具有浓厚的民主思想。但是，弗雷泽并没有深入社会关系、政治关系背后的经济动因，没有分析社会结构背后的生产力因素。仅仅是在社会现象的层面进行了深刻批判，提出的解决方案也未能达至社会变革的真正动因。总体而言，弗雷泽复合正义理论关注"承认"、重视"再分配"、强调"代表权"，严重分散了批判的中心，其批判力度远没有法兰克福学派第一代、第二代那样明确、尖锐，更不如马克思政治经济学批判那样坚决和深刻。

总之，霍耐特和弗雷泽的正义理论，以"承认"之名行批判之实，力图恢复社会批判理论的正义之旗。但是，他们都没有在经济维度进行深刻的批判，而转向了文化层面；没有在必然性上进行深刻批判，而局限在应然性加以分析。结果使批判理论的批判范围日益窄化，批判力度愈加钝化。

（三）后资本主义的宏大叙事模式

正义理论在西方传统中一直以来都是一个有争议的话题，同时也是人们不断追逐的理想。这种正义理想随着时间的积累逐渐形成了以自由、民主、人权、平等等观念为核心的思想理念，他们以各种理论形态出现。时至今日，这些核心内容也从未改变甚至得到不断的强化，但是，其中最为明显的缺陷就是，这些核心内容在资本主义制度所允许的领域里并未真正实现正义。

承认正义的两位主角霍耐特和弗雷泽，紧抓正义的核心范畴自由和平等展开讨论，他们力图使这种理想在社会中得以实现。他们对于罗尔斯以来的正义理论并不满意，认为依靠人的理性并不能真正实现正义，而且罗尔斯的正义设想也太过封闭，尤其是无知之幕

第五章 承认正义理论的深层分析和当代中国正义实践

的设计让人更是无法确信其可靠性。尽管他们都是致力于构建一种全球正义观,然而,承认正义的理论建构似乎更能符合这种宏大的叙事。

首先,承认正义是集合了众多正义理论的成果,尤其是对资本主义社会现实反思的理论成果借鉴,是对众多正义思想扬弃的结果,具有更广阔的理论视野。20世纪末期,全球社会主义运动陷于低谷之中,特别是左翼的情绪受到了巨大冲击,整个阵营处于彷徨之中。此时,政治哲学舞台被承认差异的斗争占据着,再分配和承认的矛盾现实地存在着。要考察这些问题就需要将其置于宏大的后工业文化背景之中,同时还必须考虑到西方传统的文化价值取向。在这一时期,社会生活表现为:一方面是平等主义的分配诉求,即历史问题所造成的剥削、经济不平等和机会剥夺等方面的平等诉求;另一方面是自由主义的承认诉求,即在政治和文化压制下,通过侮辱、诽谤、歧视等造成人们心理上的缺失。因此,承认正义就是要对这种变化了的资本主义社会情况做出反思和分析。在承认正义理论中体现了西方学者对于正义思考的成果——分配主义、自由主义、社群主义的理论内核,甚至是实用主义、结构主义等。秉承他们对分配、自由、民主和权利等问题探讨的精神,分析其内在的困境和问题,在结合现实情况的基础上,对于这些传统话语进行了选择性的借鉴、吸收和改造。想要在多元化的时代里建立一种涵盖方方面面的理论,实现对前人的超越。在这样的理论诉求目的之下,霍耐特和弗雷泽的承认正义之争就有着摒弃前嫌,积蓄成宏大叙事的内在动力。

其次,承认正义叙事的宏大抱负。霍耐特和弗雷泽都希望实现对资本主义当前危机的克服意识，这种克服意识的欲望充分表现在他们合著的《再分配，还是承认？——一个政治哲学的对话》一书中。他们在书中明确道："我们两人都渴望建立资本主义社会的'总体性'理论。因此，我们拒绝将'宏大理论'归类为认知上的谬误和政治上的背离的那种观点。"① 由此，他们就是建立一种"把通常是不连贯的道德哲学、社会理论和政治分析诸层面连接在一个资本主义社会批判之中的雄心"。因此，在全球化的资本主义时代，继续重铸被后现代主义一度"解构"了的总体性的资本主义的正义理论，而不是沉湎于某种单一的正义理论话语，这就成了承认正义者们的时代使命。为了这样的宏大目标，他们努力提供关于后资本主义时代令人信服的正义理论。在后工业时代，新纪元地缘政治的发展——社会主义的衰落，新自由主义的兴起和美国霸权的逐渐减弱——正使政治空间的后战争图绘脱离其原有的轨道。在这个时刻，正义的主旨、正义的内容及正义的实践都发生了变化，弗雷泽就是在这样的情况建立起自己的全球正义理论。而最能体现这一全球正义理论的就是弗雷泽对于正义主体的分析。他将威斯特伐利亚框架下的主体，即认为主权领土国家进一步扩大。利用参与平等原则，致力于创立新的跨国舞台，在这个舞台上能产生多元的功能性框架，来满足不同的"谁"的正义要求。同时参与平等的规范框架即基础上的"再分配""承认"和"代表权"凸显了当前社会存在的典型的不公正，描述当前社会正义核心问题。霍耐特的多元正义理论，

---

① 南茜·弗雷泽，阿克塞尔·霍耐特. 再分配，还是承认？——一个政治哲学的对话[C]. 周穗明，译. 上海：上海人民出版社，2009：3.

虽然没有弗雷泽那样细致和精密,但是他以承认为规范基础,以"爱""法律平等"和"社会团结"来表述今天的正义诉求,力图将更多的社会主体纳入正义主体中来,用这三个原则来矫正社会中的不正义。就此而言,霍耐特和弗雷泽都在为社会正义寻求新的出口,都具有一种对当前资本主义社会进行宏大叙事的情怀,他们似乎提供了关于后资本主义时代令人信服的正义理论。但是,在某种程度上,霍耐特和弗雷泽仍然无法逃脱正义理论家们的窠臼,虽抱着宏大的正义构想,但也仅仅是描绘了正义的理论图景,其本质并未真正解决现实的正义问题。

(四)乌托邦式的正义理论理想

霍耐特和弗雷泽的这场争论,虽然没有形成共同的意见,但是却撞击出许多有益的思想火花。他们的理论是以肯定资本主义社会为前提的,因此,尽管承认正义思想提出了一个美好的社会建构,但却必然不会以提出替代资本主义社会的方案为旨趣,而只是在对资本主义的宏大叙事框架下的修正方案。或者说,霍耐特和弗雷泽的理论带有明显的乌托邦色彩。

霍耐特和弗雷泽的争论代表了两种进步的学术努力,从广义上讲,我们可以将这种努力归纳为正义批判。因此,面对当前空前激烈的社会问题,为了更广泛的社会平等,他们提出并扩展了承认的新研究领域,并构筑了"阶级斗争+文化承认"的新社会主义战略,试图为当代西方和全球的反全球化运动奠定理论基础。霍耐特将自己的理论宗旨设定为"自由",认为人们可以而且应该没有强制地实现自由选择生活目标,但是霍耐特更多的是强调承认对人心理的影响,并将这种影响视为超历史的,而忽略了承认本身发展的历史过程性。结果使得自由与承认之间互相限制，无法达到真正的自由，自由成了空中楼阁。弗雷泽将民主视为追求的目标，充分挖掘参与平等原则的民主意蕴。弗雷泽以参与平等为根本的解决办法，以此为手段来解决经济、文化和政治领域中的非正义问题。但是，弗雷泽的民主参与是以肯定资本主义的民主制度为前提的，所以，其正义原则的核心思想也只能是资本主义的民主原则，而不适用于社会主义和共产主义制度。对于实现真正意义上的民主来说，弗雷泽承认正义也不过是一个美丽的乌托邦。

承认正义理论家们都对当前的社会现实进行了诊断，他们的诊断工作一方面是为了更好地认清社会状况，另一方面则是为了对构建的承认正义做好铺垫。弗雷泽经过社会诊断工作，提出了一个"后社会主义"的诊断结果。当然，"后社会主义"只是用于被描述为弗朗西斯的"历史终结论"之后的资本主义社会世界，它对于弗雷泽的意义也只是一个极具修饰感的名词，仅仅具有象征意义。因此，他们提出的社会主义只是一个理想的剖面，而非资本主义社会的替代物，更非马克思主义意义上的社会主义。他们的理论目标在于"为另一种'后社会主义'开辟道路，这种'后社会主义'将社会主义方案中仍然无法超越的内容，与承认政治中引人注目的、站得住脚的内容结合在一起"[1]。显然这里的"后社会主义"指的就是资本主义社会。因此，尽管承认正义者抱着对社会主义的好感，但绝非真正的社会主义者。因此，无论他们的承认正义如何直面现实，

---

[1] 南茜·弗雷泽. 正义的中断——对"后社会主义"状况的批判性反思 [M]. 于海青, 译. 周穗明, 校. 上海：上海人民出版社, 2009: 8.

矫正方案如何完善,理论目标怎样宏伟,但都仅仅是乌托邦式的理想,是无法企及的。

三、当代中国正义问题的实践

正义不只是一种观念,不只是一种美好的乌托邦设想,他更是一种社会实践,是任何社会在发展过程中都需要积极面对和妥善处理的问题。正义不仅仅是一种美好的理想,而更是一种现实关照,直面人类在追求自由、平等过程中出现的诸种现实困境和问题,并且始终将目光放置在人类自身的发展状态上。霍耐特和弗雷泽的正义理论有不同的规范框架、规范基础和规范解释(比如,在规范基础上,霍耐特强调"好生活",弗雷泽重视"参与平等"),但是他们的理论努力共同引发了人们对当代全球化发展中政治伦理的高度关注和思考;马克思的正义思想则为我们指明了通往未来的现实道路和方向。因此,目前的焦点问题是我们如何使一个社会制度安排更为合理,更能有效地实现公平合理的社会结构,促使社会成员能够过上"好的生活",实现对善的追求。

当代中国有着自身独特的文化传统话语和现实逻辑构成,但和西方国家一样,都有着正义期盼和追求。因而,我们批判地借鉴西方正义思想,综合考虑我国当前的现实境遇,构建符合中国现实的正义图景之路必然是尊重我国的文化历史和价值趋向,坚持马克思主义的指导地位,实现每一个社会成员的自由全面发展为社会目标的综合维度的正义社会的辩证统一。我们要构建的正义既是对政治哲学之伦理维度的关注所需,也是当前我国社会主义现代化建设的理性选择。

"我们在关注西方激进思潮,最根本的理论冲动也是本土关怀,旨在基于全球环境和中国现实问题建构自己独立的理论话语。"[①] 因此,无论是出于何种理论的关切,中国的马克思主义者都会回到一种朴实的问题意识上来,每个人都在不由自主地关切自身的同时也关注着世界,关注世界的同时也折射着中国语境中的问题意识。西方资本主义社会现代化进程中出现的问题,在我国社会发展中也多有呈现,如市场经济下道德的失范、人与人之间关系的冷漠、个体本位的自由主义与团体主义之间的观念撞击,个体价值与多元价值的矛盾凸显等。霍耐特的理论为我们思考解决这些社会问题提供了新的视角。在吸收霍耐特正义理论合理要素的基础上,与我国社会建设的现实和政治话语语境相结合,对探讨我国社会正义问题具有切中要害的现实意义和重要启示。那么我们首先就要明确我国当下所存在的问题。马克思对正义问题思考使得人们对正义的期盼不再是理想中的乌托邦梦境,而成为切实可行的现实图景。对于当代中国社会无法绕过正义问题这一事实,早已成为一种常识。若是不对这一常识做一番探讨,可能会遮蔽对常识问题认识的深化。

(一) 中国正义建设的历史背景

全球化浪潮发展迅猛,左翼激进主义在告别革命之后不得不以"后革命"的全新姿态亮相,在这个世界历史前提上,中国除了自觉地融入工业文明之外,没有第二条历史进步的途径。当代中国尽管进入了新时代但是依然处于社会主义初级阶段,这个基本国情决定了我们面对的社会冲突和问题相当突出。因此,也决定了我们目前

---

① 胡大平. 后革命气氛与全球资本主义 [M]. 南京:南京大学出版社,2002:327.

第五章　承认正义理论的深层分析和当代中国正义实践

正处于正义的话语之争中，如何走出非正义的困扰是我们无法超越和必须面对的事实。我们必须要在现实与理想之间寻求某种平衡或结合，以协调、平衡各种正义观念所包含的利益冲突。

就整个世界发展趋势而言，现代化的进程也将我国推向全球公共交往的平台。一方面，就整个经济发展来说，有利于整合资源提高发展速度；另一方面，则加强了世界范围内人与人之间的联系，每个人的身份复杂化、多样化。传统的经济政治秩序和文化习俗的相遇，在现实中不断碰撞、摩擦导致更多和更复杂的矛盾和冲突产生。在这一过程中，中国人民的世界观、价值观、人生观受到来自各种社会思潮的冲击和威胁，尤其是西方国家的自由主义的冲击。文化场景的巨变带来一系列的变化：每个个体遭遇着身份和人格多重撞击，人的价值观和信仰缺失或遭到贬抑，各种思潮冲击着共产主义信仰，并不断侵蚀着传统文化。国人在文化上变得异常焦虑和狂躁，人们在文化上的承认需求也不断地反映到政治上，每个社会成员更希望在政治上得到确认。因此，作为世界中的一员，我们必须从全球层面来思考正义问题，在世界潮流中既要保持自身的民族特色，又要在全球发展中发挥作用。

就国内情况而言，经历四十多年的改革开放，中国在全球化的浪潮中不断融入资本主义为主导的世界经济体系中。中国社会在经济、政治、社会影响力等方面获得了巨大发展，尤其是在经济方面的表现，我们已跃居世界第二大经济国。然而经济的迅速发展也带来了文化、价值观念、阶级等方面的冲突和重塑等问题。因此，厉以宁教授将改革开放后中国社会的基本特征描述为"中国是一个转型的发展中国家，转型是指中国正从计划经济体制转变到市场经济体制，发展是指中国正从不发达状态迈向现代化"①。这种转型具体而言，中国社会在社会结构和经济体制两个方面发生了转变。前者主要表现为我国从传统的农业社会向现代化的工业社会转型；后者主要表现为我们适应全球化趋势的市场经济转型，并带动了我国生产、分配及消费等方式的转变，可以视为改革问题。这种卷入现代化进程的特殊状况限制了我们改革和转型的推进，牵一发而动全身，每一个局部的调整和改革都会产生一系列的问题，结果就造成了我国人民在当前情况下对社会正义的诉求和价值选择愈发突出和多样化。

正如大自然不能没有春华和秋实，社会也不可缺少公平和正义。公正，为人民赢得尊严，为社会激发活力，为民族创造未来。中国共产党自诞生之日起，就始终以促进社会公正为己任。为公正而忘我，锻造了中国共产党人的生命之魂，型铸了中华民族的伟大品格；为公正而奋进，令马克思主义闪耀真理之光，让中国特色社会主义熠熠生辉。当前，中国特色社会主义进入新时代，我们要继续坚定不移走中国特色社会主义政治发展道路。正如习近平总书记强调："坚定中国特色社会主义制度自信，首先要坚定对中国特色社会主义政治制度的自信，增强走中国特色社会主义政治发展道路的信心和决心。"因此，中国社会主义正义话语构建必须从马克思主义理论出发才能更符合全体社会成员的诉求，才更贴近我国的现实情况。

第一，遵循新时代正义方法论的目标自觉。弄清"为了谁""依靠谁""我是谁"是我们社会正义建设的出发点，既是一个实践

---

① 厉以宁. 转型发展理论 [M]. 北京：同心出版社，1996：3—4.

性的问题,同时也是一个理论性问题。习近平同志深刻指出:"不忘初心,方得始终。中国共产党人的初心和使命,就是为中国人民谋幸福,为中华民族谋复兴。这个初心和使命是激励中国共产党人不断前进的根本动力。"这既是共产党人的历史追求,也是我国社会发展的必然内在要求。时代是出卷人,我们是答卷人,人民是阅卷人。因此,我们工作的目标就是要为了人民的利益、幸福和安康。

马克思在《资本论》中,在批判资本主义、揭示社会发展趋势时明确指出,未来新社会是比资本主义更高级的,以每个人的自由全面发展为基本原则的社会形式。社会发展、经济进步最根本的目标还是为了人的发展和进步。马克思对人的理解是站在人类学的角度,从唯物史观的立场,从改变所有制形式的方面谈论人的发展,但是他始终没有放弃人的类特性是人的生命活动的性质。社会历史就其整体而言,是一定的群体的认识活动和实践活动及其产物的演进过程,人们总是通过每一个人追求他自己的、自觉预期的目的来创造他们的历史。承认正义理论力图在对人的理解上超越马克思主义,但殊不知,霍氏承认正义理论对人的完整性理解,对人类学前提的分析,对规范性、主体间性实现早已包含在了马克思的人类学概念当中。因此,我们对正义社会的理解必须要有以人的发展为目的的自觉。

植根人民、依靠人民、服务人民是中国共产党区别于其他政党的显著标志。我们党旗上的镰刀代表人民、锤头代表人民,人民永远镌刻在党旗上。"为人民服务"的宗旨,这是最为典型的说明。作为马克思主义执政党,不论过去、现在还是将来,我们都要坚持一切为了群众、一切依靠群众,从群众中来、到群众中去。我们要永远保持贯彻执行党的群众路线的自觉性，做好每一个环节的工作，把党的正确主张变为群众的自觉行动，把群众路线贯彻到治国理政的全部活动中，始终保持党同人民群众的血肉联系。"为民"成为价值判断的"定盘星"、思想体系的"路由器"、理政行动的"指南针"。

第二，拓展新时代正义方法论的论域自觉。正义涉及的论域很多，不仅仅是经济领域的分配问题，还涉及政治领域中社会成员政治权利的实现，在社会领域的文化、信仰、宗教、性别等方面享有的平等权利和地位等。另外，西方资本主义民主观念和理论的建立主要是在自由主义思想基础上完成，他们从原子式的个人出发，强调个人自由和个人权利说明民主的价值并进行制度设计，结果势必造成西方的正义更倾向于权利平等、起点平等、形式平等等的程序正义，忽视甚至否定实质正义。马克思主义是从社会关系中来理解人，其"自由"是从人民共同利益、社会共同利益来说明并进行制度设计，因此，社会主义更强调实质正义、结果正义。进入社会主义新时代，我们在社会主义正义推进方面就不能简单地头痛医头、脚痛医脚，应该是一个系统性的、整体性的、发展性的课题，这就要求我们在理论层面和实践层面都要注意到构建正义方法论的论域自觉。

"人民对美好生活的向往，就是我们的奋斗目标。"[①] 这其中包含着人民要求的更好的教育、稳定的工作、满意的收入、可靠的社会保障、高水平的医疗卫生服务、舒适的居住条件、优美的环境等

[①] 习近平. 十八大以来中央文献选编：上 [M]. 北京：中央文献出版社，2014：70.

等方方面面的内容。概括起来其核心就是：要在更大范围、更深层次，更广泛地实现社会的公平正义。公平正义是人民的向往、幸福的尺度。公平正义不仅是求解利益均衡、化解矛盾的钥匙，更重要的是体现了社会主义制度的本质要求，符合老百姓的共同愿望，是一个重大的政治问题。

正是在这样的历史前提下，正是在这样的语境下，我们建设新时代的社会主义正义事业就要考量正义问题论域。应该包含着三个层次的问题：一方面，我们不仅要考量理论层面的逻辑性而且要注意到经验层面的可操作性；另一方面，我们不仅要考量正义的本土或地方的特质还要注意到其普遍化的语义。还有我们不仅要思考正义的具体领域，还要考量正义的程序合法化和实质效果。我们必须认真总结、梳理正义思想，摆脱西方的正义逻辑和话语权，培养正义逻辑的自觉、论域的自觉，并使之规范化、系统化和理论化。

第三，推进新时代正义方法论的实践自觉。只有掌握科学的方法论，推进社会民主公正公平事业才能做到事半功倍。这不仅仅要求我们在具体的工作中认认真真、踏踏实实地落实，更需要我们养成自觉践行这些方法的实践自觉意识。中国特色的社会主义始终以实现马克思意义上的解放愿景为根本宗旨，我们从自身实际出发，从原先的注重矛盾斗争的刚性政治转向现在注重和谐稳定的弹性政治[①]，这不仅是源于社会主义发展的基本规律，更是共产党人在推进社会主义民主建设过程中方法践行自觉。

---

① 陈良斌. 论马克思主义中国化历史进程中的承认叙事[J]. 学术论坛，2012（8）：51—56.

恩格斯指出:"马克思的整个世界观不是教义,而是方法。它提供的不是现成的教条,而是进一步研究的出发点和供这种研究使用的方法。"探索和运用改革方法论,就是运用马克思主义的世界观和方法论指导实践,将其同本国具体实际、历史文化传统、时代要求紧密结合起来,在实践中不断探索总结改革经验和发展规律,把改革蓝图变为美好现实。自觉探索和运用新时代的改革方法论,不仅是在发展社会主义、发展马克思主义,更是推进我国社会主义事业水平和质量的有效路径。

(二) 当代中国正义实践的路径探析

承认正义理论家们在现代性与后现代主义多元并存的局面中,提出了观察正义的新方式,一度成为正义话语中的前沿话题。不论是霍耐特承认正义理论的论证,还是弗雷泽的复合正义理论的论争,我们都要看到他们理论中多多少少都带有"西方中心论"的影子,特别是对认同、人权、民主、法治的理解,在很大程度上还是直接从西方发展经验中得出的。承认正义的批判不仅继承了法兰克福学派的批判精神,而且从根本上讲他们的批判并未脱离马克思主义正义理论的批判视野。因此,当代中国的正义构想必然要以马克思主义为思想指针,以发展经济正义为基础,以人的自由全面为根本宗旨,借鉴当代各国理论家的思想成果,在我国历史语境中、实践中构建一种更具综合性的、能够解答更多现实问题的正义理论。

第一,立足于我国的现实,努力提高生产力水平,夯实经济基础,力求在经济、政治和文化领域扩展正义范围和实现诸领域正义的协调平衡,为人们追求精神层面的文化享受奠定坚实的物质基础。对于马克思和恩格斯来说,高度发达的社会生产力水平和丰富的物质财富总是谈及其他问题的前提和基础。这是因为，公平正义的实现必须要有物质财富的极大丰富作为发展运作的动力，同时公平正义又可以作为社会运行的保障机制来促进社会的稳定发展。在社会发展的过程中，既要注重 GDP 的增长，也要保证精神层面的提升；既要追求数量的累积，更要加强质量的提高。因此，经济正义一方面要在生产领域为人民提供生产正义、交换正义、消费正义的各种条件，促使人民能够平等、公平地参与到社会生产过程中；另一方面还要保障分配正义的实现，这也是最为重要的，最终体现出物质财富共享的公正和平等。我国的现状就是要在后资本主义危机时代突围出来，既能发展自身的经济实力，同时又能影响世界各国的经济走向；在原有的分配方式基础上，发展和完善除了按劳分配外，包括按劳动要素、技术要素、资本要素等要素参与的分配制度，实现分配和再分配领域的分配正义。但是经济领域的正义还不是社会主义正义的全部追求，我国的政治生活和文化生活中都出现了各种利于正义实现的现象和因素，因此，还需要在政治、文化领域实现正义的共同完善。

霍耐特和弗雷泽立足于后资本主义社会的现实，从一个非西方传统中心的角度来审视西方社会，从一个批判和重构的角度对社会正义的实现提出了在经济、文化和政治领域互动协调的意见。目前我国正在尝试社会主义的新道路和新的高福利国家的探索，如何处理好不同社会领域中的失衡现象，变得尤为重要。承认正义的学术资源对于我们促进社会的良性发展与协调运作，以及各个领域内的正义活动原则和实践提供了宝贵的思想资源和学术借鉴。

第二，为了使正义的应然性和必然性相统一，我国构建正义的途径必须将贯彻制度正义和倡导德性正义辩证地统一起来。正义关照现实最为切实可行的方式就是通过国家制度来实现正义。无论是霍耐特的多元正义理论还是弗雷泽的三维正义观都突出了健全合理的正义制度和规范的重要性意义和基础性地位。马克思主义理论家们所坚持的正义观就是一种努力将制度正义和德性正义结合起来的实践。尤其是在制度正义的践行方面，制度既要反映社会发展的要求又要展现出人们的美好设想，既要能规范人们的行为活动又要能激发人们内在的情感动因。这样以马克思主义正义主导的制度正义既体现了权利和义务的统一，也体现了社会秩序的稳定与社会动态发展的统一。制度是通过权威机构，制定和实施一整套正式的、可行的、具有约束力的规范体系和社会活动模式的公正方案，从而来引导社会成员的活动。这一过程不仅是制度的合法性起到作用，同时当权者的德性也是至关重要的因素，而且制度的实施过程恰恰也是考察当权者及社会成员的品行的过程和杠杆。如何在制度的制定中充分考虑到社会各阶层人们的意愿，如何在制度的实施过程中充分展现出权力部门的德性关怀，如何激发社会成员实践正义的内在动力很大程度上都要依靠德性。如果一个德性缺失的人来实践正义，那么正义的制度和规则只能是空谈。麦金泰尔也如是说："只有对于拥有正义美德的人来说，才可能了解如何去运用法则。"① 因此，建立一种以共同体利益为指向的个体美德基础之上的制度正义才具有现实的合理性和生命力。

---

① A. 麦金泰尔. 谁之正义？何种合理性？[M]. 万俊仁，等，译. 北京：当代中国出版社，1996：9.

第三，在正义的视野上，以理想的正义来关照提升现实的正义，在历史的语境中，在理想的期望中，完成现实正义和理想的辩证统一。当然这一过程是在正义与人的发展互动过程中实现的。正义既是对现实社会的反思和批判，同时也是对未来社会的展望；既是对现实关系的改造，又是对未来人的发展状态的描绘。人的自由全面发展不是从理想意义上来说的，而是建立在现实的生产力水平和社会关系上的。因此，"人们每次都不是在他们关于人的理想所决定和所容许的范围之内，而是在现有的生产力所决定和所容许的范围之内取得自由"。[1] 我们既要从现实的层面来审视正义的合理性，同时也要从理想的层面来关照正义的必然性，在这一相互提升的过程中推进每个人的自由全面发展。正义的现实性保障了每个人对自身权利和义务实施的可操作性，正义的理想性则激发了社会成员对未来社会的期待，以及辅助行动的动力，从而全面推进社会的进步和发展。

综上，我们要在新的历史条件和时代特征下，不断完善、丰富和发展马克思主义的正义观。坚持马克思主义基本思想的基础上，依据现实实践不断调整相应的对策和规定，提升马克思主义的理论解释力和时代穿透力，为我国的社会主义实践提供强大的理论支撑。为人的发展提供发挥创造的机会，使其拥有生活的意义，促进人的全面发展。

（三）人类命运共同体历史责任担当

众所周知，历史原因致使中国的工业文明建设远远晚于西方，

---

[1] 马克思，恩格斯. 马克思恩格斯全集：第 3 卷 [M]. 北京：人民出版社，1960：507.

但是工业文明带来的诸多困扰伴随着中国现代工业文明的推进在中国的社会发展中逐渐呈现并产生作用。诸如，个体价值的凸显，中国传统的集体主义价值解体，甚至个体与集体的两难困境和现实症结成为社会的顽疾。随着当代资本主义的再帝国化，当中国社会主义着眼于经济领域的建设进程时，不由自主地进入全球资本主义所交汇而成的承认语境中。也正是在这个意义上，这种历史潮流中的时空融汇和重合造就了中国与西方世界之间在承认语境上的重叠共识。承认正义理论直面西方发达资本主义社会发展过程中的新现象，追寻问题的根源，扩充了正义的内容，为人类社会发展勾勒出一幅"好生活"的理想正义，促进人的自我实现。

新中国成立特别是改革开放以来我国发展取得重大成就，党和国家事业发生历史性变革，中国特色社会主义进入新时代。这个新时代意味着近代以来久经磨难的中华民族迎来了从站起来、富起来到强起来的伟大飞跃，迎来了实现中华民族伟大复兴的光明前景；意味着科学社会主义在21世纪的中国焕发出强大生机活力。中国的成功实践给世界上那些既希望加快发展又希望保持自身独立性的国家和民族提供了全新选择，为解决人类问题贡献了中国智慧和中国方案。在国际上，中国的治理理念和实践受到高度赞赏和广泛认同，国际影响力、感召力、塑造力进一步提高。"中国马克思主义"并非仅仅是把马克思主义理论放在中国环境中的一种应用，而应当被理解为全球马克思主义的一个地方或本土的版本，他声称在普遍化的

第五章 承认正义理论的深层分析和当代中国正义实践

马克思主义话语之中的他自己的客观条件。① 在历史汇聚的时刻，中国以自身发展的成功实践和理论总结为资源，以一种更开阔流动的承认辩证法和丰富多样的政治共同体的实践追求给人类社会发展提供宝贵的意见，并自觉地承担起大国的责任担当。这个责任担当的提出就是以十八大以来习近平所提出的"人类命运共同体"理论，以一种中国智慧的方式给人类难题以解决方式。

2013年3月，习近平在莫斯科国际关系学院进行演讲，谈道："人类生活在同一个地球村里，生活在历史和现实交汇的同一个时空里，越来越成为你中有我，我中有你的命运共同体。"② 此后，习近平结合治国理政和外交实践，经过多次阐发、整理和完善，这一理论逐渐完整、成熟、系统受到世界各国人民的瞩目。寻求最大公约数，以相互承认的方式来凝聚共识，是十八大以来党中央执政理念的一个重要特征。"人类命运共同体"的提出正是在这一背景下，巧妙地以尊重和承认差异为前提，为建立真正的全球正义提供了理论资源和可行性的路径。

首先，就人类命运共同体的具体内容而言，展现的是新时代中国参与全球治理的话语体系和模式。2017年10月18日，习近平总书记在十九大报告中指出："我们呼吁，各国人民同心协力，构建人类命运共同体，建设持久和平、普遍安全、共同繁荣、开放包容、清洁美丽的世界。要相互尊重、平等协商，坚决摒弃冷战思维和强

---

① 胡大平.后革命氛围与全球资本主义[M].南京：南京大学出版社，2002：308—309.
② 习近平.顺应时代前进潮流，促进实际和平发展——在莫斯科国际关系学院的演讲[EB/OL].人民网，2013-03-25.

权政治，走对话而不对抗、结伴而不结盟的国与国交往新路。要坚持以对话解决争端、以协商化解分歧，统筹应对传统和非传统安全威胁，反对一切形式的恐怖主义。要同舟共济，促进贸易和投资自由化便利化，推动经济全球化朝着更加开放、包容、普惠、平衡、共赢的方向发展。要尊重世界文明多样性，以文明交流超越文明隔阂、文明互鉴超越文明冲突、文明共存超越文明优越。要坚持环境友好，合作应对气候变化，保护好人类赖以生存的地球家园。"① 用中国传统的话语从不同层次、角度、质量结合地表达了中国人民对当下问题的理解和对未来人类社会的期盼。随着经济的大幅进步和国家综合实力的不断提升，中国日益走近世界舞台中央，开始更多地考虑自身的大国责任，国强未必称霸，中国会把和平发展道路、互利共赢开放战略、永远不称霸的宣示和承诺一代代传承下去。

就历史合理性而言，这一重要理念顺应了和平、发展、合作、共赢的时代潮流，回应了时代要求，凝聚了各国共识，为人类社会实现共同发展、持续繁荣、长治久安绘制了蓝图；就道义正当性而言，它表现了人类社会长久以来的和平期盼和发展愿景，是对旧的国际关系和格局的超越，开辟了人类更加美好的发展前景；就话语主动性而言，它表现了一个历经沧桑的民族在走向复兴道路上对于人类作为类文明的深刻思考和智慧。构建人类命运共同体是理念与方案的统一，在目标、途径等各个方面具有很强的实践性。

其次，就人类命运共同体的理论逻辑而言，展现了新时代中国

---

① 习近平. 决胜全面建成小康社会 夺取新时代中国特色社会主义伟大胜利[M]. 北京：人民出版社，2017：58—59.

既能继承中华文化传统又能扬弃西方文明的理论自觉。"人类命运共同体"理念不是单纯为了某种主义而主义，某种思想而思想，而是立足于世界各个国家、地区、民族人民的发展，从各国的共同利益、整体利益出发，包含着差异观和统一观两方面的基本内容。这就决定了"人类命运共同体"理念既是继承中国传统文化思想的精华，又是坚持马克思主义唯物史观的立场，更是应对西方自由主义、社会民主主义、民族主义等各类思潮的策略。这是作为世界大国主动担当世界责任的理论自觉。

"人类命运共同体"理念批判继承了中国传统文化中的精华。中华民族历来追求和睦、爱好和平、倡导和谐，"亲仁善邻""协和万邦"，数千年文明史造就了独树一帜的"和"文化。"和"文化"蕴涵着天人合一的宇宙观、协和万邦的国际观、和而不同的社会观、人心和善的道德观"。中国传统文化中有着独特的"天下观"，西方众多学者认为中国是一个"文明型国家"。中国数千年的"文明型国家"的历史，以及长期以来远高于民族认同的文化认同，致使中国"天下观"中具有鲜明的各美其美、海纳百川的风度。习近平在国际社会提出的"人类命运共同体"理念，为国际治理提供了中国智慧与中国方案，提升了文化自信。

当美国总统特朗普无视世界贸易组织的规则，通过贸易壁垒来展现一种黑格尔意义上的"主人"式承认斗争，其背后反映的是美国根深蒂固的个体本位的自由主义意识形态，是无视差异的同一性霸权思维。值得注意的是，这种全新的"人类命运共同体"理论在理念和实践上已经全面扬弃了承认政治的理论主张，不仅将承认的观念书写为一种新型交往关系的政治话语，而且把共同体的有机团结上升到一个前所未有的高度，从而成为新时代国际交往的标杆和典范。"人类命运共同体"的目标在于构建一种最广泛意义上的"类"文明共同体。它的范围之大，涵盖全球所有的文明、文化和民族国家，它完全突破了以往血缘、地缘、业缘乃至民族国家的想象，真正将群体划分的依据置于"类"之上，力图将全体人类凝结为一个宏大的类实体，来实现最大多数人的共生共赢。

最后，就人类命运共同体的实践推动而言，展现了新时代中国解决全球性问题，推动各国共同繁荣进步的决心和行动。构建人类命运共同体既是一种价值追求，又是一种现实行动。构建人类命运共同体不仅表达了多元文明和谐共生的崇高理想，更蕴含着为了达到这种崇高理想的实践追求。作为一种实践追求，中国顺应时代发展大势，秉持共商共建共享的全球治理观，以实际行动推动构建人类命运共同体。比如，中国提出"一带一路"倡议、积极参与气候变化国际合作、进一步扩大开放等，都表明中国正以自己的实际行动去践行构建人类命运共同体理念。

"善学者尽其理，善行者究其难。"构建人类命运共同体不仅是一个美好的目标，更是实实在在的行动，从对世界经济增长贡献率超过30%，到提出共建"一带一路"倡议、共建人类命运共同体，中国步履不停，始终把为人类做出更大贡献作为自身使命。中国将始终做世界和平的建设者、全球发展的贡献者、国际秩序的维护者。要共同营造对亚洲、对世界都更为有利的地区秩序，通过迈向亚洲命运共同体，推动建设人类命运共同体。坚持亚太大家庭精神和命运共同体意识，共同致力于亚太繁荣进步，共建面向未来的亚太伙伴关系。

<<< 第五章 承认正义理论的深层分析和当代中国正义实践

中国始终站在全球繁荣的高度,承担大国责任,共享发展机遇,贡献智慧力量。中国的发展将给世界带来自信,而当这些自信转化为行动自觉,将进一步推动人类命运共同体的构建,推动一个更加美好世界的形成。

结　语

作为一种关于社会变革和发展的独特的解释模式，承认正义思想同时在理论分析和现实考察两个方面为我们提供了宝贵的可借鉴的和可参考的资源。承认正义之争是一场跨越地域、语言和国界的批判与自我批判，是自我的内省和蜕变。这场关于"再分配—承认"的争论，是对当代理论家们对正义思考的反思和推进。无论是对正义的追求，还是基于正义的标准来批判我们所生活的世界，根本动力来源于人类渴望在其有限的生命时段里能够提升生命的品质，能够于良序的公共生活和丰富的社会生活中自如伸展。所以，对社会正义问题的思考，在其终极关怀的意义上，是为了表达人类命运和生存境遇的关切。

我国的社会发展进程面临着与西方相似的境遇和曲折，对自身发展过程中的波折和代价开始反思。工业文明对社会的生成和发展产生着巨大的影响，这是任何一个国家民族和理论工作者不能回避的问题。承认正义理论家们对正义问题的关注、对正义内容和规范的反思、正义路径的实现方式和我国的现实情况有着极大的相似性，他们都对后资本主义时代社会的发展问题、人的发展予以重视。正是由于这种共通性，承认正义思想对我国的在全球化深化的背景下有着重要的启示意义。

一、承认正义于人的发展

20世纪科学技术的高度发达的确给人们带来物质生活的极度繁荣，但繁华的背后却是人被"物化"的逻辑所控制的生存困境：个性缺失、道德衰退和精神贫乏等问题。承认正义理论家们就此做出了自己的探讨。霍耐特将目光投向了人的自由，在整个理论的建构和拓展的过程中始终以尊重人的个性，维护人的尊严为核心。将人的内部和外部自由结合起来，最大限度地发展人的个体特性、特殊能力和完整性，并将个人的发展融合到社会的发展进程中。弗雷泽将目光集中在民主平等上，她重视群体差异，看重个体个性，倡导人人平等参与，注重人的政治权利，把人的提升放置到好社会的构建中，充满了对人的平等权利的期待。这两种设想的碰撞是对人类生存困境的揭示和出路的探索，是对世界祛魅后现代性命运的思考。它们既是对马克思主义关于人的全面发展理论的丰富和发展，又是对理想状态构想的美好建议。

马克思主义对人的发展理论建构在两个维度上，即属于物质基础的社会生产力方面的主导因素，属于精神层面的与主体的道德、价值和情感相关联的支撑性因素。因而，马克思的人的发展理论是在现实基础上的可行的理论，这是承认正义难以望其项背的。马克思无疑对理想社会中人的全面发展深富期待，然而对其探索虽然在物质生产领域的关注和阐发已经比较充分，但对精神和情感的道德领域的思考和论述却相对比较薄弱。人作为一种以自觉理性为明显特征的动物,其发展在人类实践活动中不断生成。承认正义理论以人的关怀为核心,以人的美好生活为宗旨,但是这一理论设想缺乏了对生产力发展的明确肯定和对资本主义社会未来末路的清醒的认识。

伴随着我国进入新时代这个新的历史方位,社会主要矛盾转化为"人民日益增长的美好生活需要和不平衡不充分的发展之间的矛盾",就矛盾的一端而言,美好生活的向往有哪些?至少相对于过去我们讲的"广大人民群众日益增长的物质文化生活需要"进步了一个大台阶。党的十九大报告提出,"使人民获得感、幸福感、安全感更加充实、更有保障、更可持续"。这"三感"是人民向往美好生活的整体性展示,它深刻反映了党中央在新的历史起点上对怎样更好地满足人民期待做出的时代回应。人民向往美好生活的需要发生了结构性的变化,就是说人民期盼的好日子已经超越了单纯生理满足的境界,生活需要不再停留在物质层面的满足。按照马斯洛的需求理论来说,承认正义理论更倾向于满足人们对于爱和归属感、尊重和自我实现的高层次需求。我国社会主义主要矛盾的转化也恰恰表明在人的发展道路上我们殊途同归。

承认正义理论关于人的立场和论述,对于当代中国的现代性建设无疑具有重要的启迪意义。一方面,丰富了当代中国现代性建构的发展内涵。我们不仅要承认发展目标是综合的,而且还将以"人"的发展为目标中的核心宗旨。当我们将社会发展的目光放在经济增长的同时,更需要考虑人的发展水平,满足人的需求,根本上促进人的自由全面发展。人的发展不仅仅是自由的、全面的,也是有尊严和荣誉感的。不仅仅是人的基本需要的满足,还是人的素质的提高,人的潜力和能力的最大发挥。另一方面,人的发展理论为社会发展理论提供了参考坐标。尽管评判一个社会模型或者制度是否"好"的标准有很多种，GDP的增长、社会制度的合理性、人们生活水平等，但是归根结底的标准就是要使每一个社会成员能够分享到社会进步的成果，能够为个人的自由全面发展保驾护航，这才是真正的"好"。因此，在改革、发展实践中，必须兼顾到"经济发展"和"人的发展"这两种向度。

二、承认正义于批判理论

正义究竟为何？学术界虽有过表述，但不同的思想家对它有不同界定。"正义犹如一张普罗透斯似的脸，变幻无常，随时可呈现不同形状，并且有极不相同的面貌。"① 承认正义只是众多面貌中的一张而已。他们继承了法兰克福学派的批判品质，并又加入了新的血液使其发展，焕发出新的光彩。霍耐特将正义视为"以某种方式来设置一个既有的社会领域，并对其做相应的配置，使其能够满足各种奠定它的具体承认规范的要求"②。承认正义对现实社会中的弱势群体、少数民族、"有色人种"、同性恋者地位进行了社会诊断并进行了批判，并对这些不公正、错误承认、蔑视现象提出了矫正方案。他试图基于不同领域社会机制背后的承认关系，对现实的社会生活提出指导和批评。他以现代以来整个西方社会的各种普遍机制作为出发点，以超越族群界限的共同政治文化为依归，通过社会病态的

---

① E. 博登海默. 法理学——法哲学及其方法 [M]. 邓正来，姬敬武，译. 北京：华夏出版社，1987：238.
② 霍耐特. 正义的构成——跨越当代程序主义的界限 [J]. 哲学世界，2013（5）：59—71.

批判和治疗来满足现代性背后根本的规范性承诺。在这个意义上，霍耐特的主张不仅是对自由主义正义理论的批判，更是一种批判的正义理论。① 从这个角度来说，承认正义既有浓烈的批判意识，又对未来进行了展望。哲学的研究就是要反思我们生存世界中的问题，为生活提供批判，从理念上展示未来世界之景象。

法兰克福学派的批判理论以启蒙精神为靶子，实际上直指工业文明，甚至整个人类文明史。对工业革命以来科技张扬、人的异化、价值被贬抑的状况做出了有力的回应和深刻的思考。然而，总体而言，法兰克福学派的批判是一种否定性的批判，一种在批判中不断建构的理论。我们目前的国情就是迫切需要不断打破原有的，以及不适合我国国情的外来文化的束缚，构建一种内聚批判活力的社会理论视野并需要付诸社会实践中。因此，对于我们审视当前的社会现实具有重要的启示和意义。

首先，时代要求人们具有强烈的批判精神和反思意识。援引康德的话说："我们的时代是真正的批判时代，一切都必须经受批判。"② 他对18世纪的唯物主义，特别是18世纪的理性主义哲学采取一种理性的反思和批判的态度，正是在这种理性的反思和批判的过程中，康德将浪漫主义的因素融入启蒙主义之中，从而开始了德国古典哲学的逻辑进程。法兰克福学派既继承了德国的文化传统，同时又融汇了时代的特色，因此具有丰富的理论特征，但最重要的是他们对现代性及资本主义社会的深刻批判，致力于提出一个更公

---

① 周廉. 西方政治哲学史：第3卷 [M]. 北京：中国人民大学出版社，2017：498.
② 康德. 纯粹理性批判 [M]. 邓晓芒，译. 北京：人民出版社，2004：3.

平、民主、自由的社会理论。而今天，在经济改革和社会转型过程中带来的情感趋于淡漠，公共道德面临挑战、价值批判日益多元等问题影响着人们的生活，对于当下社会发展和人们生活的意义，应该具有批判和反思的精神。批判精神是追求进步的闪耀火花，是追求真理的神圣之光，是人类进步的推动力。

其次，对正确认识工业文明的"双重性"，促进科学精神和人文精神融合具有重要启发意义。工业革命以来，人们的生活、思想几乎都为工业化、产业化所裹挟。工业革命给人们带来了巨大的"实惠"，但也有不可回避的负面效应，人们的思想为物质生活所牵制。法兰克福学派秉承德国"批判"的文化传统，对资本主义社会进行了研究和分析，以社会批判的角度进行审视，为我们提供了一套独特的参照坐标。在当代资本主义社会，虽然经济问题仍然是一个重要的问题，但是随着福利国家的出现，人内在的和外在的自由和平等也越来越突出，法兰克福学派的伦理转向对于推进社会批判理论和社会发展的研究，重新审视资本主义制度，以及审视我国当下的社会建设都具有重要的现实意义。而处于改革深化时期的中国思想界，检点、反思当代中国经济建设、文化建设、政治建设的现状，有利于克服工业文明的负面效应，增强我们科学精神和人文精神融合的自觉意识。

最后，就方法论而言，加强批判性思维训练是我们形成健康的治学态度的有效途径。黑格尔曾说："哲学的认识方式只是一种反思，意指跟随在事实后面的反复思考。"[1] 足见"反思"对于哲学的

---

[1] 黑格尔. 小逻辑 [M]. 贺麟, 译. 北京: 商务印书馆, 2009: 7.

重要性。哲学的形而上学表现为"思辨"(或"反思")的特性,而这种"思辨"(或"反思")的特性又正是使形而上学成为可能并趋向于完全与彻底的根本路径或唯一方法。哲学具有反思的方法和精神,同时具有怀疑、批判与超越现实的理性精神,这就需要我们注意培养批判性思维。批判性思维是现代社会不可缺少的精神状态,是一种独立思考精神,它不迷信任何权威,只尊重真理和规律。它为决定相信什么或做什么而进行合理的、反省的思维,既能体现思维技能水平,也凸显现代人文精神,是一种不可缺少的探究工具。它并非仅仅是一种否定性思维,还具有创造性和建设性的能力,能指导人们洞察新趋势,从支配自己的生活、社会和世界的那些个人、制度的或环境中解放出来,由此也就使哲学作为一门"自由思想"的学术或学科而发展起来。批判性思维对于形成健康的治学态度是最为有效和重要的途径。

探讨承认正义思想,实质上是从一个新的视角看待当代西方正义理论,也旨在借以反观并建构符合当代中国社会现实的正义精神及和谐社会建设会的现实性。本文只是在理论和实践方面做出了一种探索,其中存在着诸种不足,希望以后的思考和研究能弥补。人类追求进步的脚步不会停息,伴随而来的问题也会层出不穷,批判也不能停止,反思也不会驻足,只有拒绝赞美现状,我们才可能憧憬一个较好的未来;只有在不断的批判与反思过程中,在真实世界里勇敢面对、坦然接受、真挚言说,探求精神的本真,才可能最终有所肯定,实现人类对现实的深刻理解和对未来的深切关注。

参考书目

一、中文文献

（一）文献类

[1] 马克思,恩格斯. 马克思恩格斯选集：1-4卷 [M]. 北京：人民出版社,1995.

[2] 马克思. 资本论：1-3卷 [M]. 郭大力,王亚南,译,上海：上海三联出版社,2009.

[3] 习近平. 习近平谈治国理政（1-2卷）[M]. 北京：外文出版社,2018.

（二）著作类

[1] 阿克赛尔·霍耐特. 权利的批判：批评社会理论反思的几个阶段 [M]. 上海：上海人民出版社,2012.

[2] 阿克赛尔·霍耐特. 自由的权利 [M]. 北京：社会科学文献出版社,2013.

[3] 南茜·弗雷泽. 正义的尺度——全球化世界中政治空间的

再认识[M]. 上海：上海人民出版社，2009.

[4] 南茜·弗雷泽. 正义的中断——对"后社会主义"状况的批判性反思[M]. 上海：上海人民出版社，2009.

[5] 南茜·弗雷泽. 无伦理之承认[M]. 郑州：大象出版社，2006.

[6] 格·施威蓬豪依塞尔，等. 多元视角与社会批判：上下卷[M]. 北京：人民出版社，2010.

[7] 罗尔夫·魏格豪斯. 法兰克福学派：历史、理论及政治影响：上下册[M]. 上海：上海人民出版社，2010.

[8] 阿梅龙，狄安涅. 法兰克福学派在中国[M]. 北京：社会科学文献出版社，2011.

[9] 亚里士多德. 政治学[M]. 北京：中国人民大学出版社，2003.

[10] 黑格尔. 精神现象学[M]. 北京：商务印书馆，1996.

[11] 黑格尔. 法哲学原理[M]. 北京：商务印书馆，1982.

[12] 黑格尔. 精神哲学——哲学全书：第三部分[M]. 北京：人民出版社，2005.

[13] 米德. 心灵、自我和社会[M]. 上海：上海译文出版社，2005.

[14] 查尔斯·泰勒. 自我的根源：现代认同的形成[M]. 南京：南京译林出版社，2001.

[15] 查尔斯·泰勒. 承认的政治. 载文化与公共性[M]. 北京：三联出版社，2005.

[16] 马基雅维利. 君主论[M]. 北京：商务印书馆，1985.

[17] 康德. 法的形而上学原理 [M]. 北京：商务印书馆, 2005.

[18] 康德. 道德形而上学原理 [M]. 上海：上海人民出版社, 2005.

[19] 费希特. 自然法权基础 [M]. 北京：商务印书馆, 2004.

[20] 索雷尔. 论暴力 [M]. 上海：上海译文出版, 2005.

[21] 霍布斯. 论公民 [M]. 贵阳：贵州人民出版社, 2003.

[22] 斯宾格勒. 西方的没落 [M]. 北京：商务印书馆, 2001.

[23] 福柯. 规训与惩罚 [M]. 北京：生活·读书·新知三联书店, 2004.

[24] 贡斯当. 古代人的自由与现代人的自由 [M]. 上海：上海人民出版社, 2005.

[25] 托克维尔. 论美国的民主 [M]. 北京：商务印书馆, 2004.

[26] 阿克顿. 自由史论 [M]. 南京：译林出版社, 2001.

[27] I. 柏林. 自由论 [M]. 南京：译林出版社, 2003.

[28] 罗尔斯. 正义论 [M]. 北京：中国社会科学出版社, 2003.

[29] 罗尔斯. 政治自由主义 [M]. 南京：译林出版社, 2002.

[30] 桑德尔. 自由主义与正义的局限 [M]. 南京：译林出版社, 2002.

[31] W. 金里卡. 当代政治哲学 [M]. 上海：上海三联书店, 2004.

[32] W. 金里卡. 自由主义、社群与文化 [M]. 上海：上海

译文出版社, 2005.

［33］W. 金里卡. 少数的权利——民族主义、多元文化主义和公民［M］. 上海：上海译文出版社, 2005.

［34］霍克海默. 批判理论导论［M］. 重庆：重庆出版社, 1989.

［35］于尔根·哈贝马斯. 现代性哲学话语［M］. 南京：南京译林出版社, 2004.

［36］于尔根·哈贝马斯. 包容他者［M］. 上海：上海人民出版社, 2002.

［37］本尼迪克特·安德森. 想象的共同体——民族主义的起源与散布［M］. 上海：上海人民出版社, 2011.

［38］刘易斯·科赛. 社会冲突的功能［M］. 北京：华夏出版社, 1989.

［39］拉尔夫·达仁道夫. 现代社会冲突［M］. 北京：中国社会科学出版社, 2000.

［40］马丁·杰伊. 法兰克福学派史（1923—1950）［M］. 广州：广东人民出版社, 1996.

［41］莫里斯·迈斯纳. 马克思主义、毛泽东主义与乌托邦主义［M］. 北京：中国人民大学出版社, 2005.

［42］卢梭. 社会契约论［M］. 北京：商务印书馆, 2003.

［43］王凤才. 承认·正义·伦理［M］. 上海：上海人民出版社, 2017.

［44］王凤才. 重新发现马克思——柏林墙倒塌后德国马克思主义发展趋向［M］. 北京：人民出版社, 2015.

[45] 王凤才. 从公共自由到民主伦理：批判理论语境中的维尔默政治伦理学［M］. 北京：人民出版社，2011.

[46] 王凤才. 蔑视与反抗：霍耐特承认理论与法兰克福学派批判理论的"政治伦理转向"［M］. 重庆：重庆出版社，2008.

[47] 王凤才. 批判与重建——法兰克福学派文明论［M］. 北京：社会科学出版社，2004.

[48] 傅永军. 法兰克福学派的现代性理论［M］. 北京：社会科学文献出版社，2007.

[49] 俞吾金. 代性现象学——与西方马克思主义者的对话［M］. 上海：上海社会科学出版社，2002.

[50] 仰海峰. 西方马克思主义的逻辑［M］. 北京：北京大学出版社，2010.

[51] 丰子义. 走向现实的社会历史哲学［M］. 武汉：武汉大学出版社，2010.

[52] 许纪霖. 启蒙的自我瓦解：1990年代以来中国思想文化界重大论争研究［M］. 长春：吉林出版集团，2007.

[53] 张曙光. 人的世界与世界的人：马克思的思想历程追踪［M］. 北京：北京师范大学出版社，2009.

[54] 张盾. 马克思的六个经典问题［M］. 北京：中国社会科学出版社，2009.

[55] 樊公裁. 黑格尔的实体学说与当代哲学思潮［M］. 天津：天津人民出版，1995.

[56] 陈士部. 法兰克福学派批判理论的历史演进［M］. 北京：北京师范大学出版集团，安徽大学出版社，2010.

[57] 陈良斌. 承认哲学的历史逻辑 [M]. 北京：人民出版社, 2015.

[58] 贺羡. "一元三维"正义论：南希·弗雷泽的正义理论研究 [M]. 北京：人民出版社, 2015.

[59] 罗明珍. 物化：承认理论探析 [M]. 上海：华东师大出版社, 2018.

[60] 刘光武. 社会道德秩序的三种模式研究：福柯、哈贝马斯与霍耐特 [M]. 长沙：湖南大学出版社, 2018.

[61] 胡云峰. 规范的重建：关于霍耐特的承认论 [M]. 上海：上海人民出版社, 2015.

（三）期刊类

[1] 阿克塞尔·霍耐特. 承认与正义——多元正义理论纲要 [J]. 学海, 2009 (3).

[2] 阿克塞尔·霍耐特. 完整性与蔑视：基于承认理论的道德概念原则 [J]. 赵琰, 译. 黎林, 校. 世界哲学, 2011 (3).

[3] 阿里夫·德里克. 重放后社会主义：反思中国特色射虎主义的过去、现在和未来 [J]. 马克思主义与现实, 2009 (5).

[4] 杨丽. 一种形式的伦理构想：理解霍耐特承认理论的关键 [J]. 哲学研究, 2018 (11).

[5] 王凤才. 作为社会分析的正义论——霍耐特对《法哲学原理》的诠释与重构 [J]. 复旦大学学报, 2016 (6).

[6] 霍耐特, 王凤才. 自由的权利：精粹（下）[J]. 学习与探索, 2016 (3).

[7] 霍耐特, 王凤才. 自由的权利：精粹（上）[J]. 学习与

探索，2016（1）.

[8] 王凤才. 霍耐特承认理论的最新发展［J］. 学习与探索，2014（9）.

[9] 林育川. 承认正义的贫困——对南希·弗雷泽正义理论的一个批评［J］. 马克思主义理论与现实，2018（5）.

[10] 孙昊，李中增. 从承认到自由——霍耐特正义观的逻辑演进评析［J］. 青海社会科学，2016（1）.

[11] 赵琰. 霍耐特"承认"为基础的多元正义观启示［J］. 东南学术，2016（1）.

[12] 秦美珠，刘芳. 南希·弗雷泽福利依赖话语研究［J］. 马克思主义理论与现实，2018（5）.

[13] 戴雪红. 论公共领域的多维重构——基于弗雷泽对哈贝马斯公共领域理论的女性主义批判［J］. 江海学刊，2018（6）.

[14] 李丙清，付文忠. 弗雷泽的女权主义性别正义理论建构逻辑探析［J］. 兰州学刊，2016（12）.

[15] 张芈卡. 时代诊断与理论构建：反规范的正义——以弗雷泽正义观为视角［J］. 学术交流，2016（12）.

[16] 林丽拉. 南希·弗雷泽的"一元三维"性别正义观述论［J］. 江海学刊，2016（4）.

[17] 王才勇. 从哈贝马斯到霍耐特——批判理论的现代转型［J］. 毛泽东邓小平理论研究，2009（5）.

[18] 陆寒. 试析 N·弗雷泽的政治正义理论［J］. 华中科技大学学报，2011（5）.

[19] 袁峰. 从"观点二元论"到三维正义观——弗雷泽正义思

想发展的基本轨迹［J］.天津行政学院学报，2011（1）.

［20］李和佳.承认与再分配：霍耐特与弗雷泽的正义之争［J］.马克思主义与现实（双月），2011（3）.

［21］张廷国，任彩红.霍耐特承认道德观的建构［J］.江苏社会科学，2008（4）.

［22］朱菊生，袁久红.从承认理论到民主正义论——略论南希·弗雷泽的政治哲学［J］.学海，2009（4）.

［23］赵琰.霍耐特"人的完整性"理论简析［J］.哲学研究，2011（4）.

［24］许章润.论人的联合与双向承认法权［J］.政法论坛，2007（6）.

［25］辛绍军，腾俊博.论法兰克福学派的社会批判理论［J］.学术交流，2006（10）.

［26］李智.论"批判理论"的两重性［J］.国外理论动态，2007（8）.

［27］贺翠香.法兰克福学派在中国的影响及其意义［J］.马克思主义与现实，2012（1）.

（四）硕博论文类

［1］郝相钦.社会变革的道德透视［D］.北京：北京师范大学，2008.

［2］李和佳.霍耐特承认理论研究［D］.南京：南京师范大学，2008.

［3］龚培渝.通过对话寻求承认：一种程序主义的承认理论［D］.长春：吉林大学，2011.

[4] 卢婧一. 霍耐特承认理论探析 [D]. 大连：大连理工大学，2007.

[5] 李琲琲. 正义的对话——对霍耐特和弗雷泽政治辩论的反思 [D]. 上海：复旦大学，2010.

[6] 黄潇. 再分配、承认与代表权——弗雷泽正义理论研究 [D]. 南京：南京大学，2011.

[7] 李雨声. 论南茜·弗雷泽的"反规范"正义理论 [D]. 沈阳：辽宁大学，2011.

二、外文文献

（一）外文著作

[1] Axel Honneth. The Critique of Power：Reflective Stages in a Critical Social Theory [M]. Trans by Kenneth Baynes. Cambridge, Massachusetts/London/England：The MIT Press, 1991.

[2] Axel Honneth. The Struggle for Recognition：The Moral Grammar of Social Conflicts [M]. Trans by Joel Anderson. Cambridge：Polity Press, 1995.

[3] Axel Honneth. The Fragmented World of The Social：Essay in Social and Political Philosophy [M]. ed. by Charles W·Wright. Albany：State University of New York Press, 1995.

[4] Axel Honneth. Suffering from Indeterminacy：A Reactualization of Hegel's Philosophy of Right [M]. Amsterdam, 2000.

[5] Axel Honneth. The Morality of Recognition [M]. Cambridge：Polity Press, 2004.

[6] Axel Honneth. Disrespect: the normative foundations of critical theory [M]. tr By Andere der Gerechtigkeit. Cambridge: Polity Press, 2007.

[7] Axel Honneth. Reification: A New Look at an Old Idea [M]. edited and introduced by Martin Jay. New York: Oxford University Press, 2008.

[8] Axel Honneth, Hans Joas. Social Action and Human Nature [M]. Trans. by Raymond Meyer. Cambridge/New York: Cambridge University Press, 1988.

[9] Axel Honneth, A. Mcarthy, T. Offe, C. and Wellmer, A. (eds): Cultural-Political Interventions in the Unfinished Project of Enlightenment [M]. tr. by Barbara Fultner. Mass: The MIT Press, 1992.

[10] Nancy Fraser, Axel Honneth. Redistribution or Recognition? —A Political-Philosophical Exchange [M]. Trans by Joel Golb, James Ingram and Christiane Wilke. London · New York: Verso Press, 2003.

[11] Nancy Fraser. Scales of Justice: Re-imaging Political Space in a Globalizing World [M]. Columbia University Press, 2009.

[12] Nancy Fraser. Unruly Practice: Power, Discourse, and Gender in Contemporary Social Theory [M]. Minneapolis, 1989.

[13] Nancy Fraser, Kevin Olson: Adding Insult to Injury—Debating Redistribution, Recognition, and Representation, Version, 2008.

[14] Nancy Fraser: Justice Interruptus: Critical Reflections on

the "Post-socialism" Condition, Press: Willey-Blackwell, Version, 2000.

[15] Nancy Fraser, Sandra Lee Bartky. Revaluing French Feminism: Critical Essays on Difference, Agency, and Culture, Bloomington and Indianapolis, Indiana University Press, 1992.

(二) 外文论文

[1] Axel Honneth. The Social Dynamics of Disrespect: Situating Critical Theory Today: Habermas A Critical Reader [J]. Blackwell Publisher, Ltd 1999.

[2] Axel Honneth. An Aversion Against the Universal: A Commentary on Lyotard's Postmodern Condition [J]. Theory Culture & Society, 1985, 2 (3).

[3] Axel Honneth. A Critical Theory in Germany Today: An Interview with Axel Honneth, interviewed by Peter Osborne and Stale Finke [J]. Radical Philosophy, 65 (Autumn 1993).

[4] Axel Honneth. The Social Dynamics of Disrespect [J]. Constellations, 1994, 1 (2).

[5] Axel Honneth. Organized Self-Realization: Some Paradoxes of Individualization [J]. European Journal of Social Theory, 2004, 7 (4).

[6] Axel Honneth. From Struggle for Recognition to a Plural Concept of Justice: An Interview with Axel Honneth, interviewed by Gwynn Markle [J]. Acta Sociologica, 2004, 47 (4).

[7] Axel Honneth. Recognition and Justice: Outline of a Plural

Concept of Justice [J]. Acta Sociologica, 2004, 47 (4).

[8] Nancy Fraser. From Redistribution to Recognition? Dilemmas of Justice in a "Post-Socialist Age" [J]. New Left Review, 212 (July August, 1995).

[9] Nancy Fraser. Recognition, Redistribution and Representation in Capitalist Global Society: An Interview with Nancy Fraser, interviewed by Hanne Marlene Dahl, Pauline Stoltz and Rasmus Willing [J]. Acta Sociologica, 2004, 47 (4).

[10] Nancy Fraser. Rethinking Recognition [J]. New Left Review, May-June 2000: 107—120.

[11] Nancy Fraser. Social Justice in the Knowledge Society: Redistribution, Recognition, and Participation [J]. Beitrag Zun Kongress "Gut zu Wissen", Heirich-BÖll-Stiftung, 5/2001.

[12] Iris Marion Young. Unruly Categories: A Critique of Nancy Fraser's Dual Systems Theory [J]. New Left Review, March-April 1997.

后 记

  本书的写作源于对正义问题的好奇，对承认理论的持续关注。博士毕业到现在，时光荏苒，岁月如梭，恍惚间当年的自信满满和雄心伟志随着时间都散落了吧！书稿初成身体的机能、思维的火花和情感的潮流似乎在瞬间停滞、抽空、凝固，回神时只剩下忐忑、不安和敬畏。回首当年读书时的情景、论文的写作过程是那么的珍贵和幸福，反观今天的工作、治学被某种标准物化，阅读的热情和"爱智慧"的追寻则少了许多的坚持和韧劲，心中竟然也是百感交集、一波三折、感慨万端。

  正义这个主题是个亘古弥新的话题，承认这个范畴是一阕意妙指的规范，承认正义则是正义在当代批判理论的新发展。这篇虽然不算厚重的文字则是我对"承认正义"问题域思索的表达，也基本上反映了我对正义、承认正义的看法、理解和期盼。然而，扪心自问，自己真正地理解正义吗？思想深处真正达成了某种正义感吗？能够真正做到公正地探讨问题吗？似乎我并不能真正做到。但是我依然坚信正义共享的社会不是一个虚构的乌托邦，更是我们在反思社会问题过程中对正义的体验和共享，美好的生活、个人的自由必须诉诸正义。我依然坚信理想的正义社会是一种理想，但正义社会的理想却是一种现实。

抚躬自问，我对于哲学虽然不敢说是发自内心的热爱，但当我以哲学为职业，想着要以"学术"界定我的人生，想着要去影响一批批的学生时，就有一种挥之不去的畏惧和敬仰。的确，学术于我如畏途，教育于我如长征。对于未来能否坚持学术所应有的"道义"的"担待"，我亦是有困惑和疑问的，但是我只知道自己也许无法做到"担待"，只能做到"坦诚的交代"，交代我对"正义"问题的理解和探索，交代我对问题的竭尽所能的理解和批判。对于现在和未来所一直从事的思想政治教育，我亦是有不安和压力的，但是我知道我要去"倾情诉说"，述说我们时代的马克思主义立场，述说我们时代的声音和期盼。

如果说在现实中我能够在这一畏途中坚定前行，则是来自于身边师长朋友的支持。常说"心有多大，舞台就有多大"，教师这个职业就给了我实现梦想的舞台。这个职业让我在"教学相长"中不断学习，这个职业让我能在烦琐的世俗生活之余澄思寂虑。闲暇之余，困顿迷茫之时，总是会想起那个曾被爬山虎妆点的校园，想起那些满腹经纶和抱负的老师们，借此来表达我久藏于心的感动。感谢导师程广云教授的引导与栽培，遥想当年程老师从未因为我提交的作品"拙劣"而批评我，这使我大受鼓舞；同时也给予我未来发展的关怀和建议，这使我茅塞顿开；感谢老师诗人式的哲学探究，言传身教中给了我使命感和浪漫主义的情怀，促使我有能沿着这条道路继续前行的勇气和信心。还有那些可爱可敬的老师们，感谢他们在我求学做人做学问中给予的教导、帮助。

感谢山西中医药大学博士科研经费的资助,让年轻和困窘的"青椒"能够坚持梦想和探索!感谢山西中医药大学人文学院的老师们,教学上的指点,学术上的碰撞,生活中的分享都给本书以思想的火花。

最后,感谢我的家人多年来的陪伴和支持,感谢父母坚强的后盾让我在倔强的年龄肆意妄为,在我疲倦乏累时给我温暖贴心的休憩;感谢先生给了我一箪食,一瓢饮的朴素生活,虽是陋巷,但琴瑟在御,莫不静好!

鹿云